BIBLIOTECA antagonista

18

ay EDITORA ÂYINÉ

Belo Horizonte | Veneza

DIRETOR EDITORIAL
Pedro Fonseca

COORDENAÇÃO EDITORIAL
André Bezamat

CONSELHEIRO EDITORIAL
Simone Cristoforetti

EDITORA ÂYINÉ
Praça Carlos Chagas, 49 2° andar
CEP 30170-140 Belo Horizonte
+55 (31) 3291416
www.ayine.com.br
info@ayine.com.br

JOSEPH ROTH
VIAGEM NA RÚSSIA

TRADUÇÃO **Alice Leal | Simone Pereira Gonçalves**
PREPARAÇÃO **Lígia Azevedo**
REVISÃO **Fernanda Alvares | Ana Martini**

TÍTULO ORIGINAL:

REISEN IN RUSSLAND

Esta obra foi traduzida com o apoio da Robert Bosch Stiftung, organizado pelo *Literarisches Colloquium Berlin* e condicionado à estadia da tradutora Simone Pereira Gonçalves no *Europäisches Übersetzer-Kollegium Straelen*.

© 2017 EDITORA ÂYINÉ

IMAGEM DA CAPA: **Julia Geiser**
PROJETO GRÁFICO: **ernésto**

SUMÁRIO

VIAGEM NA RÚSSIA **15**

Os emigrantes tsaristas **17**
A fronteira de Niegoreloie **24**
Fantasmas em Moscou **30**
No Volga até chegar a Astracã **40**
Os prodígios de Astracã **56**
O ressurgimento da burguesia **64**
O labirinto de povos do Cáucaso **72**
Qual é a fisionomia da rua russa? **86**
O lugar dos judeus na Rússia soviética **94**
O nono aniversário da revolução **108**
A Rússia vai para a América **116**
A mulher, a nova moral sexual e a prostituição **124**
A igreja, o ateísmo, a política religiosa **134**
A cidade entra na a aldeia **148**
Opinião pública, jornais, censura **158**

Todos os capítulos foram traduzido por Simone Pereira Gonçalves, com exceção de: *Os emigrantes tsaristas, O ressurgimento da burguesia, O lugar dos judeus na Rússia soviética e O nono aniversário da revolução*, que foram traduzidos por Alice Leal.

VIAGEM NA RÚSSIA

* A esse primeiro artigo seguiu-se a seguinte nota redacional da *Frankfurter Zeitung*: «Joseph Roth, solicitado por nós, partiu para a Rússia, onde ficará alguns meses. Ele abre com o artigo que segue a série de suas correspondências». [N. E.]

OS EMIGRANTES TSARISTAS *

Frankfurter Zeitung, 14 de setembro de 1926.

Muito antes que se pudesse imaginar a possibilidade de visitar a nova Rússia, a velha veio até nós. Os emigrantes traziam na pele o aroma primitivo da sua pátria, do abandono, do sangue, da penúria, do seu destino excepcional, romanesco. Na Europa, o estereótipo predominante dos russos era o de um povo sofrido, deslocado, expulso do lar, perambulando mundo afora sem destino, desgarrado, que se valia da velha fórmula literária do «espírito russo» para se defender dos inevitáveis desvios de obstáculos legais pelo caminho. A Europa conhecia os cossacos do teatro de revista, os casamentos campesinos russos de cenas de ópera, os cantores russos e as balalaicas. Ninguém na Europa se deu conta — nem mesmo depois que a Rússia veio até nós — do modo como escritores franceses (os mais conservadores do mundo) e leitores sentimentalistas de Dostoiévski deturparam a imagem típica do russo, transformando-o em uma mescla cafona de divindade e brutalidade, de álcool e filosofia. *À la* samovar e exotismo asiático. E o que foi que fizeram da mulher russa? Uma espécie de ser humano animal, fiel e ao mesmo tempo propensa à traição, esbanjadora e revolucionária, esposa de escritor e fabricante de bombas. Quanto mais longa a permanência dos emigrantes russos, mais eles se aproximavam da imagem que todos faziam deles. Como que para nos agradar, adequavam-se ao nosso estereótipo deles. A sensação de que tinham um «papel» a desempenhar talvez amenizasse sua tristeza. E o desempenhavam com mais facilidade agora que suas vidas haviam adquirido valor literário. O príncipe russo que é taxista em Paris parece ter saído diretamente da literatura. Pode até ser que seu destino seja funesto. Mas, em termos literários, dá para o gasto.

A vida anônima dos emigrantes entrou em domínio público. Primeiro, quando eles mesmos se colocaram à mostra. Surgiram centenas de teatros, corais, grupos de dança e orquestras de balalaica. Nos primeiros dois anos, tudo parecia novo, genuíno, impressionante. Em seguida, essas produções caíram na mesmice e na monotonia. Perderam o vínculo com a terra natal. Distanciaram-se cada vez mais da Rússia — e a Rússia delas ainda mais. A Europa já conhecia Meyerhold — eles permaneciam fiéis a Stanislavski. Os «pássaros azuis» começaram a cantar em alemão, francês, inglês. Quando, enfim, pousaram na América, perderam a plumagem.

Os emigrantes se consideravam os únicos representantes do verdadeiro espírito russo. Taxavam tudo que surgiu e ganhou importância na Rússia após a revolução de «não russo», «judeu», «internacional». A Europa já estava bastante habituada a ver em Lênin um representante da Rússia. Os emigrantes não arredavam o pé de Nicolau II. Agarravam-se ao passado com uma lealdade comovente, mas transgrediam as leis da história. E reduziam, eles mesmos, sua própria tragédia.

Ora, tinham de viver de alguma maneira! Por isso, pavoneavam galopes cossacos em hipódromos parisienses, montados em cavalos de sangue estrangeiro; ornavam-se com sabres turcos comprados no mercado de usados de Clignancourt; levavam cartucheiras vazias e punhais cegos para passear em Montmartre; andavam com volumosos gorros de pele de urso feitos da mais autêntica pele de gato; e passavam vergonha diante das portas giratórias de casas noturnas, dando uma de mandachuvas da região do rio Don — embora tivessem nascido na Volínia. Muitos adquiriram o status de grão-príncipes graças a passaportes Nansen de origem duvidosa. Afinal, já não fazia diferença. Todos eram capazes, com igual facilidade, de arrancar das cordas da balalaica a nostalgia e as saudades de casa, de usar botas vermelhas de couro marroquino com esporas prateadas e sacudi-las para lá e para cá, rodopiando agachados, apoiados em um único calcanhar. Uma vez, em um teatro de revista em Paris, vi uma princesa interpretando o papel de noiva em um casamento russo. Uma noiva fabulosa! Fantasiados de boiardos, vigias noturnos da rua Pigalle surgiam, como que saídos de vasos de flores, para formar a guarda de honra; uma catedral de papelão iluminada ao fundo; dela emergia um padre com barba de algodão; pedras preciosas cintilavam, banhadas à luz do sol russo, que emanava dos holofotes; com suaves lampejos de violino, a pequena orquestra enchia os corações da plateia com a canção do rio Volga. Outras princesas trabalhavam de garçonetes em restaurantes russos, com a caderneta pendurada no avental em uma corrente de prata de Tula, o pescoço sempre altivamente aprumado, figuras exemplares da inabalável tragicidade dos imigrantes.

Outros, desnorteados, permaneciam mudos, sentados nos bancos dos jardins das Tulherias e de Luxemburgo, do parque vienense Prater, do parque berlinense Tiergarten, das margens do Danúbio em Budapeste e dos cafés em Constantinopla. Mantinham contato com reacionários locais. Lá estavam eles, de luto pesado pelos filhos e filhas tombados na batalha, pelas esposas desaparecidas — mas também pela perda dos relógios de bolso de ouro, presente de Alexandre III. Muitos haviam deixado a Rússia por «não suportarem mais a miséria no país». Conheço judeus russos que, «expropriados» por Denikin e Petliura há poucos anos, hoje detestam Trótski, que nada fez para eles, mais do que tudo no mundo. Querem recuperar a certidão de batismo falsa, graças à qual haviam conseguido, humilhados, sem um pingo de dignidade, dar um jeito de escapar da proibição de residência em grandes cidades russas.

No pequeno hotel onde eu estava hospedado no Quartier Latin de Paris, vivia um dos mais conhecidos príncipes com o pai, a esposa, os filhos e a empregada. Esse velho príncipe era de fato autêntico. Cozinhava sopa em um fogareiro a álcool e, embora eu soubesse que se tratava de um exímio antissemita e de uma das grandes cabeças por trás da desapropriação de terras rurais, ele me parecia uma figura comovente, arrastando-se noite adentro no outono gélido e úmido; um símbolo, já não mais um homem, e sim uma folha que o vento arrancou da árvore da vida. Seu filho, por outro lado, criado no exterior, todo elegante graças aos alfaiates parisienses, sustentado por grão-príncipes mais ricos, esse sim, como era diferente! Na cabine telefônica conferenciava com ex-soldados da Guarda Real; enviava declarações de fidelidade a membros — falsos e verdadeiros — da casa Romanov por ocasião do aniversário deles; e deixava cartinhas de amor em um tom cafona de rosa às senhoras do hotel em seus respectivos escaninhos. De carro, apressava-se de um congresso tsarista a outro. Vivia feito um pequeno deus que emigrou para a França. Leitores de sorte, padres, cartomantes, teósofos, enfim, todos que conheciam o futuro da Rússia iam ter com ele e professavam o retorno de Catarina, a Grande, e da troica, da caça a ursos e da katorga, de Rasputin e do sistema de servidão...

Todos se perderam. Perderam o espírito russo e a nobreza. E, justamente por nunca haver sido nada mais do que russos e nobres, perderam tudo. Vítimas da própria tragicidade. A grande tragédia ficava sem heróis. A história ia adiante, implacável, marcada a ferro e sangue. Nosso olhar se cansava de contemplar a miséria que se barateou a si própria. Diante dos nossos olhos restavam apenas os estilhaços daqueles que sequer compreendiam a própria catástrofe. Sabíamos mais deles do que eles próprios eram capazes de nos contar e, de braços dados com o tempo, deixávamo-los para trás, sem piedade e, ao mesmo tempo, tristes.

A FRONTEIRA DE NIEGORELOIE

Frankfurter Zeitung, 21 de setembro de 1926.

A fronteira de Niegoreloie é um grande salão marrom, de madeira, em que todos temos que entrar. Carregadores benevolentes retiraram nossas malas do trem. A noite está muito negra, está frio e chovendo, por isso os carregadores parecem tão benevolentes. Com seus aventais brancos e braços fortes vieram nos ajudar quando nós, estrangeiros, fomos parar na fronteira. Um homem, autorizado para isso, tomou meu passaporte ainda no trem, roubou minha identidade. Assim, sem ser de todo eu, atravessei a fronteira. Poderia ter sido confundido com qualquer viajante. No entanto, mais tarde ficou claro que os funcionários da alfândega russa não cometiam erros. Mais inteligentes que seus colegas de outros países, sabiam a finalidade da minha viagem.

Já nos esperavam no salão marrom, de madeira. No teto estavam acesas as lâmpadas elétricas, quentes, amarelas. Sobre a mesa, à qual estava sentado o funcionário superior da alfândega, queimava a amável cumprimenteira de tempos passados, uma lamparina de querosene com queimador redondo, e sorria. O relógio na parede mostrava o horário do Leste europeu. Os viajantes, esforçados em se sintonizar com ele, adiantaram seus relógios em uma hora. Portanto, não eram mais dez, e sim onze. Às doze tínhamos que prosseguir com a viagem.

Éramos poucas pessoas, mas muitas malas. A maioria pertencia a um diplomata. De acordo com a lei, permaneceram intactas. Tinham que chegar castas ao seu destino, como antes da partida. Elas continham os ditos segredos de Estado. Em compensação, eram cuidadosamente registradas em listas. Durou bastante tempo. O diplomata ocupou nossos funcionários mais eficientes. Enquanto isso, transcorria o tempo do Leste europeu.

Lá fora, no breu úmido da noite, manobrava-se o trem russo. A locomotiva russa não apita, uiva como uma sirene de navio, ampla, animada e oceanicamente. Quando se vê a noite molhada e se ouve a locomotiva pela janela, é como à beira-mar. No saguão é quase aconchegante. As malas começam a se espalhar, a dilatar-se, como se estivessem com calor. Brinquedos de madeira, cobras, galinhas e cavalos de balanço escalam de dentro da bagagem volumosa de um comerciante de Teerã. Pequenos joões-bobos balançam levemente sobre a pesada barriga de chumbo. As caras coloridas, rizíveis, iluminadas de modo ofuscante pela lamparina de querosene, escurecidas em um revezamento pelas sombras deslizantes das mãos, vivificam-se, mudam de expressão, sorriem com malícia, riem e choram. Os brinquedos sobem em uma balança de cozinha, deixam-se pesar, rolam de novo para a mesa e são embrulhados no papel de seda ruidoso. Da mala de uma mulher jovem, bonita e um pouco desesperada, emerge a seda brilhosa, fina e colorida, listras de um arco-íris recortado. A seguir, a lã infla, volta a respirar com consciência e liberdade após longos dias de existência prensada e sem ar. Sapatos finos, cinza, com fivelas prateadas, despem o papel de jornal que deveria escondê-los, a página quatro do *Matin*. Luvas com abotoaduras bordadas ascendem de um pequeno ataúde de papelão. Afloram roupas, lenços, vestidos para noite, suficientemente grandes para vestir a mão do funcionário. Todos os utensílios lúdicos de um mundo rico, todas as coisinhas elegantes, polidas, são estranhas e triplamente inúteis nesse saguão rígido, marrom e noturno, sob as pesadas vigas de carvalho, sob os austeros cartazes com letras angulosas como machados afiados, nesse cheiro de resina, couro e querosene. Lá se encontram os frascos de cristal planos e bojudos com líquidos verde-safira e amarelo-âmbar, estojinhos de manicure de couro abrem suas asas como relicários sagrados, pequenos sapatos femininos dão passinhos curtos sobre a mesa.

Nunca eu vira fiscalização tão precisa, tampouco nos primeiros anos do pós-guerra, no auge dos fiscais. Parece que aqui não se trata de uma fronteira habitual de um país com o outro, mas de uma que pretende ser entre dois mundos. O proletário funcionário da alfândega, o mais bem informado do mundo

— quantas vezes ele próprio não teve que se esconder e escapar! —, revista cidadãos de países neutros e amigos, porém gente de uma classe inimiga. São enviados do capital, comerciantes e especialistas. Eles vêm para a Rússia, chamados pelo Estado, combatidos pelo proletariado. O funcionário da alfândega sabe que esses comerciantes semeiam faturas nas lojas e que depois o que aparece nas vitrines são mercadorias maravilhosas, caras, inalcançáveis para o proletário. Primeiro, ele revista as caras e depois as malas. Reconhece os regressados que agora estão munidos de novos passaportes poloneses, sérvios e persas.

Tarde da noite os viajantes ainda estão no corredor e não conseguem se conformar com a alfândega. Contam uns aos outros sobre tudo o que trouxeram, pelo que pagaram e o que contrabandearam. Tema suficiente para longas noites de inverno russas. Histórias que os netos terão de ouvir.

Os netos escutarão e a face estranha e confusa dessa época emergirá diante deles, da época em sua própria fronteira, da época de seus filhos desorientados, fiscais vermelhos, viajantes brancos, falsos persas, soldados do Exército Vermelho com longos sobretudos cor de areia, a bainha arrastando no chão, a noite úmida de Niegoreloie, a respiração ofegante dos carregadores abarrotados de bagagens.

Sem sombra de dúvida, essa fronteira tem importância histórica. Eu a sinto neste momento em que soa a sirene ampla e rouca e partimos adentrando o país escuro, extenso e tranquilo.

FANTASMAS EM MOSCOU

Frankfurter Zeitung, 28 de setembro de 1926.

Quem vejo brilhando diante de mim no cartaz publicitário? O *Marajá*. No meio de Moscou! Gunnar Tolnæs, o tenor mudo do extremo norte, caminha vitorioso através do estrondo dos canhões, do sangue e da revolução, invulnerável como todo verdadeiro fantasma. No seu séquito encontram-se os dramas cinematográficos mais antigos da Europa e dos Estados Unidos. As salas em que são apresentados lotam. Ao vir para cá, eu não esperava escapar dos marajás e seus congêneres? Não foi para vê-lo que vim aqui. Será que os russos nos enviam *O encouraçado Potemkin* e para isso recebem Gunnar? Que troca! Seríamos *nós* os revolucionários e *eles* os conservadores? Que mundo doido! No meio de Moscou se projeta o *Marajá*...

Nas vitrines das poucas lojas de roupa feminina estão pendurados trajes antigos, longos, em forma de sino. Nos ateliês de moda podem ser vistas as formas mais antigas de chapéu. Na cabeça das cidadãs também. Usam chapéus de plumas de aba larga; tricórnios napoleônicos; colbaques com lenços; cabelos longos e vestidos longos até o tornozelo. E esse traje não é apenas a consequência de uma necessidade, mas também a manifestação de uma mentalidade conservadora. Pararam justamente na época das sombrinhas.

Fui assistir ao *Marajá* para observar os espectadores; eram os antigos colbaques, lenços, corpinhos e sombrinhas.

Veio a velha burguesia vencida. Vê-se claramente que não sobreviveu à revolução, a aguentou apenas. Seu gosto não se alterou nos últimos anos. Não tomou o caminho das classes médias e altas da sociedade europeia e americana, o caminho do *Sonho de uma noite de verão* ao *Revue nègre*, das condecorações de guerra aos dias da memória, da veneração aos heróis à veneração aos boxeadores, das companhias de balé aos batalhões de vedetes e dos empréstimos de guerra ao Túmulo do Soldado Desconhecido. A velha burguesia russa parou no ano de 1917. Ela gostaria de ver no cinema usos, costumes, destinos, mobiliário de seus contemporâneos: oficiais que não estão no Exército Vermelho e que ainda transitam pelo cassino feudal; paixões que levam à despedida de solteiro, e não ao casamento soviético sem cerimônia perante um escrivão; possibilidades de duelo entre homens de honra; escrivaninhas, armários de cozinha com bibelôs; exotismo romântico. Gostariam de rever o mundo em que se viveu com insegurança, mas que hoje se acredita ter sido paradisíaco. Por isso, os antigos dramas cinematográficos estão esgotados. Em Paris são apresentados sob o título sarcástico de *Vinte minutos antes da guerra*. Na França o burguês ri das mesmas vicissitudes que são vividas pelo burguês russo com seriedade e trepidação.

Estou falando do *velho* burguês russo. Está despontando, de fato, um *novo*; está nascendo em plena revolução, e a revolução o deixa em vida. Graças às condescendências da revolução, pode fazer negócios e sabe contornar suas restrições. Forte, vivo, de uma matéria totalmente distinta de seu antecessor. Trapaceiro e meio comerciante, leva seu nome com certo ar desafiador: «homem da NEP», que tem um tom degradante no país todo e além das fronteiras. Alheio como é a sentimentalismos, não se deixa encantar por nenhuma concepção do mundo, nem por objetos, modas, produtos literários e artísticos ou moral. Difere-se claramente do velho burguês e do proletariado. Serão necessárias algumas décadas ainda para que tenha suas formas, tradições e mentiras convencionais apropriadas, se permanecer vivo...

Não é dele que falo, mas do antigo burguês e do antigo «intelectual». Este não tem mais vitalidade. Seu idealismo revolucionário pequeno e sincero, seu liberalismo de bom coração, porém estreito, foi asfixiado pelo incêndio da revolução, como uma vela por uma casa em chamas. Ele presta serviços ao Estado soviético. Vive de parcos salários e continua a levar seu modo de vida antigo em uma dimensão muito reduzida. Tem ainda alguns horríveis *souvenirs* de Karlsbad, um álbum de família, um dicionário, um samovar e livros com lombada de couro. Em noites calmas sua mulher toca piano. Mas o sentido de sua existência era ser um membro útil da sociedade burguesa e, se possível, fazer de seu filho alguém importante. As solenidades externas de sua silenciosa existência eram pequenas distinções e promoções, abono salarial, festas familiares privadas e genro confiável.

Nada disso permaneceu. Sua filha não o consulta antes de ir para o quarto de algum homem. Ao seu filho não pode mais passar «princípios» para a vida. O filho sabe orientar-se na Rússia atual muito melhor do que ele, e nela guia seu pai como se fosse cego. O pai será levado ao túmulo sem grau de distinção e sem honrarias. (A morte também perdeu sua solenidade.) Hoje ele serve ao novo contratante com a velha honestidade e fidelidade que é a mais bela virtude do burguês. Pode até mesmo estar satisfeito com este mundo e afirmá-lo. E no entanto... no entanto, é um estranho e se encontra morto. Já o fato de não tê-lo desejado e lutado por ele e de ter se convertido assim mesmo no que é, coloca-o fora das fronteiras internas próprias deste mundo. A determinação sangrenta com a qual surgiu lhe será sempre incompreensível. Seu forte sentimento de justiça não pode se satisfazer com a imperfeição das novas instituições. Ele discerne com olhos muito mais rápidos e mais críticos os erros do mundo novo que em outras épocas discernia os do antigo. Também protestou contra esses erros. Mas, afinal, era seu filho, além de um indignado silencioso (nunca foi de falar alto). E assim acontece que na Rússia, a mesma burguesia liberal que em 1905 simpatizou com o *real* encouraçado *Potemkin* amotinado, que saudou a bandeira vermelha dos insurretos em Odessa e que afinal foi fuzilada pelos cossacos, não quer mais ver *O encouraçado Potemkin* filmado.

As confusões estéticas do burguês pré-guerra; certo êxtase ingênuo, bem-disposto e alegre da juventude pré-guerra; um afã estreito que é como uma flecha cega e por consequência atinge só a superfície; um afastamento *consciente* de tudo que se denominava erroneamente «luxo» e «inútil» na década de 1890; uma renúncia *voluntária* à comodidade do espírito e àquela graciosidade do ser humano que se estende ao metafísico; uma obstinada confusão entre a grande e ampla tendência, porém não de ordem política cotidiana, e o apenas belo sem tendência, «lúdico e burguês», isso tudo é novamente o *fantasma dos revolucionários* que eles retiraram do liberalismo esclarecido da pequena burguesia francesa. São os fantasmas diurnos, saudáveis, de bochechas vermelhas, robustos. Eles têm carne e sangue demais para ser vivos.

Homero foi completamente abolido das escolas como uma espécie de «aula de religião». Nunca mais na Rússia se escandirá um hexâmetro. Foi levada a cabo uma completa separação entre Estado e humanismo. Portanto, Sófocles, Ovídio e Tácito devem ter sido entendidos como representantes da intelectualidade «burguesa». As culpas contra o mundo clássico que foram cometidas pelos professores burgueses de filologia clássica dos liceus devem ser expiadas, evidentemente, pelo mundo antigo enquanto tal. Que magnífica ocasião teria sido para revelar, de modo realmente revolucionário, as mentiras dos antigos comentários! Para mostrar o quanto a atitude nobre e «clássica», que se transmitia, estava distante de sua verdade mais profunda e da realidade histórica; de mostrar como era grande a diferença entre os heróis aristocráticos, que comandavam os trirremes, e os mil escravos que, apertadamente acorrentados nas galeras, conduziam a frota contra um «inimigo» que era seu irmão; de mostrar o quanto fora cruel, sem sentido e bárbara a morte dos trezentos nas Termópilas, por uma pátria que presenteou suas vítimas com meros dois versos; de perguntar o que aconteceu com as viúvas e os órfãos desses trezentos; de ensinar que Pátroclo continua enterrado e que Térsites sempre retorna; de ler a terrível profanação ao cadáver de Heitor, cometida por Aquiles, tal como a descreve Homero, ou seja, de modo a deixar qualquer um estarrecido diante do protegido de deuses cegos, injustos, cruéis — de uma classe dominante da Antiguidade, como se diria; de apresentar as dedicatórias elogiosas e servis de Ovídio não apenas como exemplos de estilo latino «épico antigo», mas como exemplo assustador de uma época em que o ser criativo, ou seja, também um trabalhador, trai seu trabalho e renega sua dignidade.

A revolução na Rússia quer perder tudo isso! Ela protege o «prático» na escola que, sem sombra de dúvida, serve para o amanhã, mas não mais para o depois de amanhã. Prescinde do material fundamental sobre o qual constrói suas casas, como o mundo antigo construía seus templos...

Grande parte da vida intelectual na Rússia respira o ar que para nós era fresco vinte anos atrás. Era a época em que a «gola da camisa de Schiller» desnudava em qualquer peito masculino um racionalismo entusiasmado pela natureza. Além desse ar, grassa a «educação sexual», que, como se sabe, quer desvendar mistérios, mas escancara portas. Higiene se torna epidemia. Uma literatura que trabalha com meios virtuosísticos pequeno-burgueses protege-se com a tendência ao exagero, não podendo ser atingida quando não se quer atentar contra a revolução. Assim, muitas exposições de artes plásticas se caracterizam por um simbolismo barato que traduz de volta as metáforas linguísticas ao seu estado original pictórico e formal, imagens faladas expressas em cores. Existem cartazes com letras que de tão nítidas se tornam ilegíveis, arcos que se transformam em empenas, círculos em retângulos, curvaturas oscilantes em trapézios obtusos.

Que Deus tenha cessado de existir, porque os popes não são mais mantidos pelo Estado, parece ser a convicção da maioria. Ingenuidade em questões metafísicas, desse tipo e com tamanha perfeição, encontra-se somente nos Estados Unidos. E em Moscou aconteceu realmente uma disputa pública entre o líder de uma das frequentes delegações americanas e um professor moscovita sobre a existência de Deus e a compatibilidade da fé com a ideologia marxista. E foi bem como num bar nova-iorquino...

Não obstante, de outro modo seria praticamente impossível. Talvez as grandes massas tenham que passar pela superfície do conhecimento. Faz pouquíssimos anos que foram libertadas da profunda cegueira! Talvez demore até que se torne comum o que é realmente novo na criatividade. Pois aqui surgiu uma nova maneira de criar e absorver, ler e escrever, pensar e escutar, ensinar e experimentar, pintar e contemplar. Além disso, todo o resto fica como é: fantasmagórico.

NO VOLGA ATÉ CHEGAR A ASTRACÃ

Frankfurter Zeitung, 5 de outubro de 1926.

Branco e festivo, está atracado no porto o vapor do Volga, que vai de Nijni Novgorod para Astracã. Ele lembra um domingo. Um homem agita um pequeno sino surpreendentemente forte. Os estivadores andam pela doca de madeira, vestidos só de calça de malha e uma pele para a carga. Parecem lutadores. Diante do guichê há centenas de pessoas. É a décima hora de uma manhã clara. Sopra um vento alegre. É como a chegada de um novo circo nos arredores da cidade.

O vapor do Volga leva o nome de um famoso revolucionário russo e tem quatro classes de passageiros. Na primeira viajam os novos burgueses da Rússia, os homens NEP, rumo às férias de verão, no Cáucaso e na Crimeia. Eles comem na sala de jantar, à sombra escassa de uma palmeira, diante do retrato do famoso revolucionário, pregado acima da porta.

As jovens filhas dos cidadãos tocam no duro piano. Soa como um tilintar de colheres de metal em copos de chá. Os pais jogam 66 e reclamam do governo. Algumas mães têm uma clara preferência por echarpes alaranjadas. O garçom não tem nenhuma consciência de classe. Quando os vapores tinham nomes de grão-príncipes, já era garçom. Uma gorjeta provoca no seu rosto aquela expressão servil de respeito que faz esquecer toda a revolução.

A quarta classe se encontra bem embaixo. Seus passageiros arrastam fardos pesados, cestas baratas, instrumentos musicais e ferramentas agrícolas. Todas as nações que margeiam o Volga e mais longe, na estepe e no Cáucaso, estão aqui representadas: tchuvaques, tchuvanes, ciganos, judeus, alemães, poloneses, russos, cazaques, quirguizes. Aqui há católicos, ortodoxos, maometanos, lamaístas, pagãos, protestantes. Aqui há anciãos, pais, mães, meninas, crianças. Aqui há pequenos trabalhadores rurais, artesãos pobres, músicos itinerantes, corsários cegos, vendedores ambulantes, engraxates adolescentes e crianças sem-teto, os *bezprizorni*, que vivem de ar e infortúnio. As pessoas dormem em gavetas de madeira de dois andares, beliches. Comem abóboras, procuram parasitas na cabeça das crianças, amamentam recém-nascidos, lavam fraldas, fazem chá, tocam balalaica e harmônica.

Durante o dia, esse espaço apertado é vergonhoso, barulhento e indigno. Mas durante a noite é tocado por um sopro de piedade. Tão sagrada parece a pobreza dormindo. Em todos os rostos se encontra o verdadeiro páthos da ingenuidade. Todos os rostos são como portões abertos, através dos quais se veem almas brancas, claras. Mãos confusas querem espantar as lâmpadas que causam aflição como as moscas. Homens escondem a cabeça no cabelo das mulheres, camponeses agarram as sagradas foices, crianças, suas bonecas esfarrapadas. As lâmpadas balançam no compasso das máquinas batendo. Meninas de bochechas vermelhas sorriem revelando seus dentes separados, brancos e fortes. Uma grande paz paira sobre o mundo pobre, e, enquanto dorme, o ser humano se revela completamente pacifista. Em um simbolismo simples, no vapor do Volga não se aplica a distinção entre *acima e abaixo*, ricos e pobres. Entre os passageiros da quarta classe há camponeses ricos, entre os passageiros da primeira nem sempre há comerciantes ricos. O camponês russo prefere viajar de quarta classe. Ela não é apenas mais barata. Nela o camponês se sente em casa. A revolução o libertou da humildade em relação ao «senhor», mas nem de longe em relação ao objeto. Em um restaurante em que há um piano ruim, o camponês não pode comer sua abóbora com apetite. Durante alguns meses todos viajaram em todas as classes. Depois se separaram, quase por livre e espontânea vontade.

«Veja o senhor», disse-me um americano no navio. «O que a revolução conseguiu? As pessoas pobres se espremem lá embaixo e os ricos jogam 66!»

«Mas essa é a única atividade», disse eu, «à qual podem se entregar despreocupadamente! O engraxate mais pobre da quarta classe tem hoje consciência de que poderia chegar até onde estamos se quisesse. Mas os ricos homens NEP temem que ele chegue a qualquer momento. No nosso vapor, *acima* e *abaixo* já não são simbólicos, são determinações puramente objetivas. Talvez voltem a ser novamente simbólicas».

«Voltarão a ser», disse o americano.

O céu sobre o Volga está próximo e plano, pintado de nuvens imóveis. Dos dois lados atrás das margens se vê, a uma grande distância, cada árvore que sobressai, cada pássaro alçando voo, cada animal pastando. Uma floresta aqui dá a impressão de uma formação artificial. Tudo tem tendência a espalhar-se e dispersar-se. Aldeias, cidades e povos estão bem distantes uns dos outros. Sítios, casebres e barracas de nômades estão lá, cercados de solidão. As diversas e numerosas tribos não se misturam. Mesmo quem se estabeleceu permanece a vida toda peregrinando. Esta terra dá a sensação de liberdade como no nosso país apenas a água e o ar dão. Aqui sequer os pássaros iam querer voar, se pudessem caminhar. Mas o ser humano vagueia pelo país como por um céu, animado e sem destino, um pássaro da terra.

O rio é como o país, largo, infinitamente longo (de Nijni Novgorod até Astracã são mais de 2 mil quilômetros) e lento. Somente mais adiante crescem às suas margens as «colinas do Volga», cubos baixos. Viraram seu âmago nu e rochoso para o rio. Estão lá apenas para variar, quinze minutos lúdicos de Deus as criaram. Atrás delas expande-se novamente a superfície da qual os horizontes recuam sempre mais longe, até para lá da estepe.

Ela sopra seu grande alento sobre as colinas, sobre o rio. Sente-se o amargor da infinitude. A vista das altas montanhas e dos mares sem margens faz sentir-se perdido e ameaçado. Diante da vasta planície o ser humano está perdido, mas consolado. Não é nada mais que um caule, mas não vai sucumbir: se é como uma criança que desperta nas primeiras horas de uma manhã de verão, enquanto todos ainda estão dormindo. Se está perdido e ao mesmo tempo protegido no silêncio infinito. Quando uma mosca zune, a batida abafada do pêndulo do relógio soa, esses ruídos encerram o mesmo pesar consolador de uma vasta planície, porque atemporal e extraterreno.

Paramos diante de aldeias cujas casas são de madeira e barro, cobertas de ripas e palha. Às vezes, a cúpula larga, boa e maternal de uma igreja repousa no meio dos casebres seus filhos. Às vezes, a igreja encabeça uma longa linha de casebres e tem plantada sobre a cúpula uma longa torre, fina e pontiaguda, como uma baioneta quadrangular francesa. É uma igreja armada. Ela conduz a uma aldeia itinerante.

Parada diante de nós fica Cazã, a capital dos tártaros. Na margem, o alarido de suas coloridas tendas de comércio. Com janelas abertas saúda como se fossem bandeiras de vidro. Ouve-se o ruído das carruagens. Vê-se o brilho vespertino verde e dourado de suas cúpulas.

Uma estrada liga o porto a Cazã. A estrada é um rio, ontem choveu. Laguinhos silenciosos chapinham na cidade. É raro que apareçam restos de pavimento. As placas das ruas e das lojas estão respingadas de excremento e ilegíveis. Aliás, estão duplamente ilegíveis, por estarem redigidas na escrita turco-tártara. Por isso, os tártaros preferem sentar-se na frente de suas lojas e mostrar suas mercadorias a todos os transeuntes. Segundo dizem, são bons comerciantes. Sua barba é um pincel preto no queixo. Desde a revolução, a antiga tradição étnica do analfabetismo diminuiu 25%. Agora muitos sabem ler e escrever. Nas livrarias há escritos em tártaro, jornaleiros apregoam jornais tártaros. Funcionários públicos tártaros atendem no guichê do correio. Um funcionário do correio me contou que os tártaros eram os mais valentes dos povos. «Mas eles são misturados com os finlandeses», disse eu com malícia. O funcionário se ofendeu.

Com exceção dos donos de restaurante e dos comerciantes, todos estão satisfeitos com o governo. Na guerra civil, os camponeses tártaros lutaram ora ao lado dos vermelhos, ora ao lado dos brancos. Às vezes nem sabiam do que se tratava. Hoje todas as aldeias do governo de Cazã são politizadas. A juventude está nas organizações do Komsomol. Como a maioria dos povos maometanos da Rússia, também entre os tártaros a religião é mais um costume do que fé. Mais do que reprimir uma necessidade, a revolução destruiu um hábito. Tanto aqui quanto em todos os governos às margens do Volga, os camponeses pobres estão satisfeitos. Os camponeses ricos, dos quais muito se tirou, estão insatisfeitos como em toda parte, como os alemães em Pokrovsk, como os camponeses de Stalingrado e os de Saratov.

Aliás, as aldeias do Volga, salvo as alemãs, fornecem ao Partido os membros jovens mais devotos. Nas regiões do Volga, o entusiasmo político provém com frequência mais do campo que do proletariado urbano. Muitas aldeias daqui eram as que estavam mais distantes da cultura. Os tchuvaches, por exemplo, ainda hoje são «pagãos» às escondidas. Adoram ídolos e lhes fazem sacrifícios. Para o ingênuo homem primitivo da aldeia do Volga comunismo é civilização. Para o jovem tchuvache o quartel urbano do Exército Vermelho é um palácio, e o palácio, que também está aberto para ele, é o sétimo céu vezes cem. Eletricidade, jornal, rádio, livro, tinta, máquina de escrever, cinema, teatro, ou seja, tudo o que nos fatiga, anima e renova o homem primitivo. Tudo foi «o Partido» que fez. Ele não só derrocou os grandes senhores como inventou o telefone e o alfabeto. Ensinou as pessoas a ter orgulho de seu povo, de sua pequenez, de sua pobreza. Transformou seu passado inferior em mérito. Sua instintiva desconfiança campesina cede à investida de tanta suntuosidade. Mas seu senso crítico e consciente ainda está longe de despertar. Assim ele será um fanático da nova fé. O «sentimento coletivista» que falta ao camponês, ele substitui dupla, triplamente pelo êxtase.

As cidades às margens do Volga são as mais tristes que já vi. Lembram as cidades francesas destruídas pela guerra. As casas queimaram na guerra civil vermelha; depois seus escombros viram a fome branca galopar pelas ruas.

Cem, mil vezes morreu gente. Comiam gatos, cachorros, corvos, ratos e crianças mortas pela fome. Mordiam as próprias mãos até feri-las e bebiam o próprio sangue. Cavoucavam a terra procurando por minhocas gordas e calcário branco que os olhos acreditavam ser queijo. Duas horas depois de ingeri-lo morriam agonizando. Que essas cidades ainda continuem vivas! Que essas pessoas continuem pechinchando, carregando malas e vendendo maçãs, gerando e parindo filhos! Já está crescendo uma geração que não conhece o terror, já se encontram lá os andaimes, já estão ocupados os carpinteiros e pedreiros em erigir o novo.

Não me surpreende que essas cidades sejam tão bonitas apenas do alto e de longe; que em Samara um bode impedisse minha entrada no hotel; que em Stalingrado caísse um aguaceiro no meu quarto; que os guardanapos fossem de papel de embrulho colorido. Se se pudesse passear pelos lindos telhados em vez de ir pelo calçamento acidentado!

Em todas as cidades da região se tem as mesmas experiências com as pessoas: em toda parte os comerciantes estão insatisfeitos, os trabalhadores, otimistas porém cansados, os garçons são respeitosos e pouco confiáveis, os porteiros, humildes, os engraxates, subservientes. E em toda parte a juventude é revolucionária, e metade da juventude burguesa também está nas organizações dos Pioneiros e do Komsomol.

Aliás, as pessoas se orientam pela minha roupa: quando calço as botas e estou sem gravata, de repente, a vida se torna fabulosamente barata. As frutas custam alguns copeques, um trajeto de carruagem sai por metade de um rublo, pensam que sou um refugiado político estrangeiro que mora na Rússia, chamam-me de «camarada», os garçons têm consciência proletária e não esperam gorjeta, os engraxates ficam satisfeitos com dez copeques, os comerciantes parecem contentes com a situação, no correio os camponeses me pedem para escrever endereços em suas cartas, «com letra legível». Mas como o mundo fica caro quando ponho uma gravata! Chamam-me de *grachdanin* (cidadão) e timidamente de *gospodin* (senhor). Os mendigos alemães dizem em alemão «senhor conterrâneo». Os comerciantes começam a se queixar dos impostos. O funcionário do vagão espera por um rublo. O garçom do restaurante do trem conta que se formou em uma Academia de Comércio e é, «na verdade, um homem inteligente». Dá provas disso me cobrando vinte copeques a mais. Um antissemita me confessa que só os judeus saíram ganhando com a revolução. Eles já têm permissão para viver «até mesmo em Moscou». Um homem quer se impor perante mim. Conta que foi oficial na guerra e prisioneiro em Magdeburgo. Um homem NEP me ameaça: «No nosso país o senhor não poderá ver tudo!».

Enquanto isso, parece-me que na Rússia posso ver tanto e tão pouco quanto em outros países estrangeiros. Em nenhum outro país fui convidado por pessoas desconhecidas de forma tão natural e franca. Posso ir a repartições públicas, tribunais, hospitais, escolas, quartéis, casas de detenção provisória, presídios, até visitar diretores de polícia e professores universitários. Para o estrangeiro são menos agradáveis o tom mais alto e o jeito mais incisivo de o cidadão criticar. Em qualquer restaurante posso falar com o soldado e com o comandante do regimento do Exército Vermelho sobre guerra, pacifismo, literatura e armamento. Em outros países é mais perigoso. A polícia secreta é provavelmente tão hábil que não a percebo.

Os famosos estivadores às margens do Volga continuam a cantar suas famosas canções. Nos cabarés russos do Ocidente, os *burlaki* são apresentados com holofotes violetas e som abafado de violinos. Mas os verdadeiros *burlaki* são mais tristes do que seus intérpretes possam imaginar. Embora carregados de tradição romântica, seu canto adentra o ouvinte profunda e dolorosamente.

É provável que sejam os homens mais fortes desta época. Cada um deles pode carregar 240 quilos sobre as costas, erguer cem quilos do chão, triturar uma noz entre o dedo indicador e o médio, equilibrar um remo sobre dois dedos, comer três abóboras em 45 minutos. Parecem monumentos de bronze revestidos de pele humana e vestidos com uma pele para a carga. Ganham relativamente bem, em média de quatro a seis rublos. São fortes, saudáveis e vivem livremente à margem do rio. Mas nunca os vi rir. Eles não ficam alegres. Bebem aguardente. O álcool aniquila esses gigantes. Desde que o Volga transporta carga, os estivadores mais fortes moram aqui e todos bebem. Hoje navegam pelo rio mais de duzentos vapores com uma capacidade máxima de 85 mil toneladas, totalizando 50 mil toneladas, 1190 cargueiros sem motor totalizando quase 2 milhões de toneladas. Mas os estivadores continuam a substituir os guindastes como duzentos anos atrás.

Seu canto não provém da garganta, mas dos recessos desconhecidos e profundos do coração, nos quais se entrelaça com o destino. Cantam como condenados à morte. Cantam como galerianos. O cantor jamais se livrará de sua carga e jamais da aguardente. Que bênção é o trabalho! Que guindaste é o homem!

Raramente se ouve uma canção inteira, sempre apenas estrofes avulsas, algumas cadências. A música é um recurso mecânico, atua como uma alavanca. Há canções para se cantar junto ao puxar a corda, ao erguer, descarregar, baixar lentamente. As letras são antigas e primitivas. Ouvi diversas com a mesma melodia. Algumas tratam da vida pesada, da morte leve, de mil *pud*, de moças e de amor. Tão logo a carga esteja acomodada sobre as costas, interrompe-se a canção e o homem é um guindaste.

É impossível ouvir novamente o piano vidroso e assistir ao jogo 66. Saio do vapor. Sento em um barco minúsculo. Ao meu lado, dois estivadores dormem um sono suave sobre um fardo espesso de cordas enroladas. Em quatro ou cinco dias estaremos em Astracã. O capitão mandou sua mulher para cama. Ele é sua própria tripulação. Agora está assando um *chachlik*. É provável que fique gorduroso e duro, e vou ter de comê-lo.

Antes de eu desembarcar, o americano traçou com o dedo indicador um grande arco, apontou a terra calcária e argilosa, a praia de areia e disse:

«Quanto material valioso aqui sem ser aproveitado! Que praia para os carentes de repouso e os doentes! Que areia! Se tudo isso incluindo o Volga estivesse no mundo civilizado!»

«Se isso fosse no mundo civilizado, haveria a fumaça das fábricas, o ruído dos barcos a motor, guindastes suspensos, as pessoas ficariam doentes para depois repousarem na areia a duas milhas de distância, e certamente não seria um deserto. A certa distância higienicamente impecável dos guindastes iam se situar os restaurantes e cafés espalhados, com áreas ao ar livre ozonizadas. As bandas de música teriam que tocar a 'canção do Volga' e um empolgante charleston sobre suas ondas, com a letra de Arthur Rebner e Fritz Grünbaum…»

«Ah, charleston!», exclamou o americano, e ficou alegre.

OS PRODÍGIOS DE ASTRACÃ

Frankfurter Zeitung, 12 de outubro de 1926.

Em Astracã muitas pessoas trabalham na pesca e no comércio de caviar. O cheiro dessa atividade está espalhado pela cidade toda. Quem não precisa ir a Astracã, evita. Quem vai, não fica muito tempo lá. Fazem parte das especialidades dessa cidade as famosas peles, os gorros de lã de carneiro, o «astracã» cinza-prateado. O peleteiro tem muito a fazer. No verão e no inverno (o inverno aqui também é quente), os russos, os calmucos e os quirguizes usam peles.

Contaram-me que pessoas ricas viviam em Astracã antes da revolução. Não consigo acreditar. Mostraram-me suas casas, algumas das quais foram destruídas na guerra civil. Nas ruínas pode-se reconhecer ainda uma magnificência ostensiva e de mau gosto. De todas as características de uma construção, a mania de ostentação é a que se preserva por mais tempo, e mesmo o último tijolo continua se pavoneando. Os construtores fugiram, vivem no exterior. Que tenham comercializado caviar é compreensível. Mas por que viviam aqui onde se desenvolve o caviar (preto, azul e branco) e onde os peixes fedem impiedosamente?

Em Astracã há um pequeno parque com um quiosque no meio e uma rotunda na ponta. À noite se paga entrada, entra no parque e sente o cheiro dos peixes. Como está escuro, pensam que os peixes estão pendurados nas árvores. As sessões de cinema são ao ar livre, os cabarés primitivos também. Em alguns, bandas tocam músicas alegres de tempos passados. Toma-se cerveja e come-se caranguejo rosado e barato. Não há uma hora em que não se anseie por estar em Baku. Infelizmente o vapor passa apenas três vezes por semana.

Para poder pensar com mais intensidade no vapor, vou ao porto. Do cais dezoito pode-se partir para Baku. Depois de amanhã! Que longe está depois de amanhã! Calmucos remam nos barcos, quirguizes levam camelos para a cidade pelos conhecidos cabrestos, os comerciantes de caviar fazem ruído no escritório, camponeses desprevenidos acampam na área verde, dois dias, três noites, e esperam pelo navio, ciganos jogam cartas. Como daqui se vê claramente que não há nenhum vapor à vista, o clima no cais é mais triste que na cidade. Um trajeto de carruagem concede uma remota noção de partida. Os assentos da carruagem são estreitos, sem encosto, muito perigosos, sem cobertura, os cavalos usam longos trajes Ku--Klux-Klan contra a poeira, como se fossem para um torneio. Os cocheiros entendem muito pouco russo e odeiam o calçamento. Andam pelas ruas arenosas, porque o cavalo está vestido. O passageiro que parte de terno escuro chega de terno prateado. Quem vestiu um terno branco quando chega está de cinza-pombo. Os que estão preparados para Astracã vestem longos guarda-pós com capuz, como os cavalos. Na noite parcamente iluminada se vê como fantasmas são conduzidos por cavalos fantasmagóricos.

Não obstante, há uma universidade técnica, bibliotecas, clubes e teatros, sorvetes sob uma oscilante lâmpada de arco, frutas e marzipã atrás de nupciais véus de tule. Eu rezava por um alívio da praga da poeira. No dia seguinte Deus mandou um aguaceiro. O teto do meu quarto de hotel, mimado com a poeira, o vento e a seca, caiu assustado no chão. Por tanta chuva eu não tinha rezado. Trovoava e relampejava. A rua estava irreconhecível. As carruagens andavam gemendo com as rodas atoladas de lama até a metade, dos aros respingavam grumos cinzentos, pesados, moles. Os fantasmas puxaram o capuz para trás e abriram uns aparatos humanos conhecidos. No calçamento da rua principal não dava para passar duas pessoas uma ao lado da outra. Uma tinha que voltar ao menos cinco metros para trás, para que a outra pudesse seguir. Atravessava-se a rua a pulos periódicos. Foi uma sorte que houvesse apenas uma rua digna de menção, na qual se encontravam os estabelecimentos mais necessários: hotel, papelaria, correio e confeitaria.

Naqueles dias em Astracã, a confeitaria me parecia ser a instituição principal. Era gerenciada por uma família polonesa que de Czestochowa fora parar ali por uma fatalidade do destino. Eu descrevia às mulheres detalhadamente as roupas que se vestiam em Varsóvia. Também sobre a política polonesa sabia dizer divinatoriamente muito. Com habilidade eloquente, consegui dissipar as preocupações que tinham em Astracã em relação a uma guerra entre Polônia, Rússia e Alemanha. Em Astracã sou um divertido conversador.

Sem a confeitaria não poderia ter trabalhado, o material mais importante para escrever é o café. Mas as moscas são supérfluas. E, não obstante, estavam presentes, de manhã, no meio do dia, à noite. As moscas, não os peixes, constituem 98% da fauna de Astracã. São completamente inúteis, nenhuma mercadoria, ninguém vive delas, elas vivem de todos. Em bandos espessos e negros acampam sobre alimentos, açúcar, vidros das janelas, pratos de porcelana, restos, arbustos e árvores, poças de excremento e estrumeiras e mesmo sobre toalhas de mesa sem nada, sobre as quais a vista humana não consegue ver nenhum nutriente. As moscas podem sorver as sopas — componentes do tecido há muito tempo secos — de suas moléculas como se fossem colheres. Sobre camisas brancas, que a maioria dos homens usa aqui, pousam milhares de moscas, seguras e absortas, não decolam quando seu hospedeiro se mexe, sentam duas horas sobre seus ombros, não têm nervos, as moscas de Astracã, elas têm a calma dos grandes mamíferos, como os gatos, e a dos seus inimigos do mundo dos insetos, as aranhas...

Surpreende-me e lamento que esses bichos inteligentes e humanos não venham em grandes bandos para Astracã, onde poderiam se tornar membros úteis da sociedade humana. Vale dizer que no meu quarto vivem oito aranhas de cruz, bichos silenciosos, inteligentes, amáveis companheiras de noites em claro. Durante o dia elas dormem em casa. No crepúsculo ocupam seu posto, duas delas, as mais importantes e perigosas, perto da lâmpada. Assistem longa e pacientemente às moscas desprevenidas, com suas patinhas finas como um fio de cabelo, sobem por fios elaborados do nada e da saliva, remendam e ficam atentas, cercam o bicho com voltas cada vez maiores, prendem-se jeitosamente no grão de areia saliente da parede, trabalham árdua e intelectualmente, mas como é parca a recompensa! Mil moscas zunem no quarto, desejo que venham 20 mil aranhas venenosas, um exército delas! Se eu ficasse em Astracã, ia criá-las dedicando-lhes mais cuidados do que ao caviar.

Mas as pessoas em Astracã só cuidam dele. Nem percebem as moscas. Veem como os insetos assassinos devoram sua carne, seu pão, suas frutas e não movem um dedo. Sim, enquanto as moscas passeiam em sua barba, seu nariz e sua testa, elas conversam aconchegantemente e riem. Na confeitaria, desistiram de qualquer combate às moscas, sequer fecham as vitrines, alimentam-nas em abundância com açúcar e chocolate, são verdadeiramente mimadas. O papel pega-mosca, inventado por um americano e de todas as bênçãos da cultura a que eu mais odiava, parece-me aqui uma obra da nobre humanidade. Mas em toda a Astracã não há sequer um pedaço dessa preciosa matéria amarela. Pergunto na confeitaria: por que o senhor não tem papel pega-mosca? As pessoas recorrem a subterfúgios e dizem: ah, se o senhor tivesse visto Astracã antes da guerra, dois meses antes da revolução! É o que dizem o dono e o comerciante.

Por uma resistência passiva apoiam as moscas reacionárias. Um dia esses pequenos bichos vão devorar Astracã, os peixes e o caviar.

Prefiro os mendigos às moscas de Astracã, mais numerosos aqui do que em qualquer outra cidade. Perambulam devagar pelas ruas, suspirando alto, cantando, gritando seus sofrimentos, como se fossem atrás de seu próprio cadáver, extravasando por todas as cervejarias, apenas de mim recebem um copeque, e desse um copeque vivem! De todos os prodígios de Astracã, são os mais surpreendentes...

O RESSURGIMENTO DA BURGUESIA

Frankfurter Zeitung, 19 de outubro de 1926.

Das cinzas do derrotado capitalismo, eis que surge o novo burguês (*nowij burjuj*), o homem NEP, o novo comerciante e o novo industrial, primitivo, como nos primórdios do capitalismo, sem bolsa de valores nem listas de cotações, munido apenas de caneta-tinteiro e letras de câmbio. Mercadorias surgem do nada. A fome ele transforma em pão. Todas as vidraças das janelas viram vitrines. Há pouco ainda andava descalço, mas hoje anda de automóvel. Recebe e paga impostos. Aluga quatro, seis, oito quartos e paga impostos. Viaja em vagões-leito e nos caríssimos aviões e paga impostos. Parece ter lidado bem com a revolução — afinal, ele é fruto dela. O proletariado para diante de suas vitrines, mas não tem dinheiro para comprar suas mercadorias — igualzinho a um Estado capitalista. O novo burguês perambula pelos arredores de diversas prisões — em muitas das quais ele mesmo cumpriu sentenças. A perda dos «direitos civis» não faz a menor diferença para ele, que já não tinha nada a perder. Não tem interesse em ditar as regras, não tem interesse em comandar; ele só quer ganhar. E ganha.

Essa nova burguesia russa ainda não constitui uma classe. Não possui nem a tradição nem a estabilidade, tampouco a solidariedade de uma classe social. Trata-se de um estrato limitado e frouxo, composto de elementos dos mais versáteis e variados. Conheço uma boa dúzia de novos burgueses — o primeiro um ex-oficial, o segundo um nobre georgiano, uma espécie de «mandachuva», o terceiro um funcionário de padaria, o quarto um funcionário público, o quinto um formando em teologia. Todos usam roupas que, por acaso e por fora, os proletarizam. É como se tivessem se vestido às pressas, fugindo de alguma catástrofe. Todos usam uma camisa russa, que pode valer tanto como traje nacional quanto como expressão revolucionária. A roupa do novo burguês não é apenas o desdobramento direto de seu desejo de não chamar a atenção, mas justamente a manifestação de seu caráter especial. Ora, não se trata de um burguês, no sentido corrente, como o modelo francês, tão batido na literatura, criado diariamente por Deus e pelas relações sociais. A nova burguesia russa é desprovida de instinto familiar, de laços estreitos com o lar, com suas origens, com seus descendentes; é desprovida de «princípios» que possa, um dia, deixar de herança aos seus descendentes, e também de bens materiais que possam compor sua herança *oficialmente*. Em seu apartamento bem equipado, o novo burguês e sua família não se sentem propriamente em casa, e sim feito visitas «de casa». Um dos filhos tem afinidades comunistas, é membro do Komsomol. Observa a casa dos pais cheio de hostilidade; amanhã pretende ir embora, mas hoje mesmo já garantiu seu ganha-pão trabalhando para o Partido. No cartório, a filha, sem um copeque sequer de dote, tampouco a companhia do pai, casa-se com um soldado do Exército Vermelho. Outro filho, esse com afinidades burguesas, não consegue vaga nas já lotadas universidades e prepara-se, clandestinamente, para uma perigosa jornada para o exterior. O dinheiro suado não se «aplica» ou «investe», mas se gasta, se consome no sustento da família, se esconde ou então se empresta a altos juros a conhecidos de língua curta. A família — célula primária e, ao mesmo tempo, fortaleza da vida burguesa — não existe mais. Em compensação, o novo burguês não conhece aquela atmosfera tépida burguesa, que protege, mas também debilita; não conhece os cuidados familiares, que despertam amor, mas também limitam as liberdades; não conhece o altruísmo, que pode até parecer heroico, mas também é fútil; não conhece o sentimentalismo, que comove, mas também é falso. O novo burguês é revolucionário. Possui um tipo de coragem todo seu, pois é desprovido de consideração pelos outros; é desinibido, pois não tem princípios; está pronto para tudo, pois já viu quase tudo nessa vida. De certo modo, participou ativamente da revolução. Foi sobre esse burguês que Lênin escreveu o seguinte em 1918: «Como pode alguém ser tão cego e não perceber que o inimigo é o pequeno capitalista e o especulador? É ele quem tem, mais do que todos os outros, medo do capitalismo de Estado, visto que seu objetivo principal é abocanhar tudo o que vê pela frente, todas as sobras deixadas pelos grandes proprietários de terras e pelos grandes especuladores após sua queda. Nesse sentido, ele é ainda mais revolucionário do que o próprio trabalhador, pois é, ainda por cima, vingativo. Assiste na luta, de livre e espontânea vontade, contra a grande burguesia, para que possa colher os frutos da vitória para proveito próprio». Já se passaram oito anos. O especulador está agora colhendo os frutos da vitória e está prestes a se tornar, ele mesmo, um grande capitalista.

Porém, na Rússia não existem apenas esses novos negociantes e industriais ativos e visíveis. Há também os burgueses calados, mascarados ou passivos, por assim dizer. Eles conseguiram, em plena revolução, esconder ou apropriar-se de ouro vivo. Hoje, são meros empregados e levam uma vidinha humilde de proletariado, dando a impressão de passar o mês com cem rublos, enquanto, na verdade, emprestam seu dinheiro a juros altos a amigos menos escrupulosos, que por sua vez também terão seu próprio capital em dois ou três anos, para agiotagem. É assim que, por baixo dos panos, um capitalismo desregrado vai de vento em popa; é um comprar e vender, um emprestar e pagar juros, uma vida arriscada que confere ao despachado homem NEP dos nossos dias traços indubitáveis de chefe de quadrilha.

Mas nada disso chega a tirar o sossego do proletariado. Os ricos — diz a lenda — serão pouco a pouco esmagados pelas estatais. Em cinco anos, não existirão mais. «É um período de transição», dizem os trabalhadores. Referem-se à transição para o socialismo.

Só que também os burgueses dizem isso — «É um período de transição» —, mas referindo-se à transição para a democracia capitalista. Ambos estão à espera do porvir e, por ora, não pisam no calo um do outro. Se é realmente o proletariado a classe que domina, então, sem dúvida, é a nova burguesia que *tira proveito*. Ao proletariado pertencem todas as instituições do Estado. À nova burguesia pertencem todas as instituições da boa vida. Estas e aquelas não correspondem em praticamente nada. Elas simplesmente coexistem. O teatro pertence ao trabalhador. Mas quem senta no camarote é o burguês. O trabalhador bem sabe que é senhor e proprietário do camarote. O burguês não se sente à vontade naquele ambiente, com ares revolucionários, com a possibilidade de que um carregamento seja confiscado ou um imposto, aumentado. Por dez copeques, o proletário vai ao clube, vê um filme, joga dominó, assiste a uma palestra, toma um chá no buffet e sabe que o edifício onde hoje se encontra o clube outrora pertencera a um capitalista, hoje expropriado. Temos aqui uma conquista tangível. Esse capitalista expropriado — ou qualquer outro em seu lugar — frequenta hotéis luxuosos, onde pode até ser que haja um retrato de Lênin pendurado na parede, mas certamente também uma réplica do *Combat de la flûte*, de Fragonard (a mesma que minha tia tem na sala de jantar), e onde, sob a sombra da inevitável palmeira, cinquenta aperitivos caríssimos aguardam os fregueses. Aqui, até mesmo os mendigos, que normalmente podem entrar em qualquer lugar, são barrados. É o universo da alta burguesia, tal qual na Europa Ocidental. Como as gorjetas não foram proibidas por lei, mas sim apenas se tornaram indignas, os garçons as aceitam com uma gratidão subserviente. Aqui não há proletários. Oito ou nove anos atrás eles invadiram esses «palácios». Hoje, estão à espera de que sejam finalmente desocupados.

O novo burguês não tem a menor intenção de desocupá-los. Ele também está à espera — de que os clubes operários finalmente sejam desocupados. Ambos são pacientes...

O LABIRINTO DE POVOS DO CÁUCASO

Frankfurter Zeitung, 26 de outubro de 1926.

Desembarcamos à noite em Baku, a capital do Azerbaijão e do petróleo. A cidade compõe-se de uma parte nova (europeia) e uma antiga (asiática). As ruas europeias são largas, claras e alegres. A Baku asiática é fria, escura e opressiva. As grades comprimem-se diante das janelas em arco, amplas, altivas e bonitas. Cada casa é um palácio e todos os palácios são prisões. Jovens maometanas usam lenços brancos e azuis cobrindo a boca; elas parecem emparedadas: cada uma sua própria prisão. Aos mendigos maometanos diante da porta da cidade antiga não é necessário dar nada, eles são ornamentos. Antigos seides, descendentes de Maomé, de turbantes brancos de trançado espesso, mastigam sementes de girassol. As casquinhas desatentas ficam penduradas nas barbas de um grisalho amarelado. Comerciantes burros, sem talento, ficam sentados nas pedras, com dez folhas de papel de carta amarelado diante deles, sem fazer nada com a mercadoria. Atrás de corredores escuros, compridos e sujos, brilham pátios brancos de pedra com fontes ornamentais, amplos, feéricos, retangulares, enfadonhos. Parece-me que as mil e uma noites em Baku são um posto perdido: a alguns quilômetros adiante jorra *petróleo* da terra…

No entanto, a praça do mercado é exótica: muitos becos estreitos e sujos; passagens que são utilizadas como pavilhões de mercado; inúmeras lojinhas com placas em turco, persa e armênio. Que nome conhecido é esse, impresso em alfabeto latino? Quem se chama «Levin» aqui? Aliás, com os prenomes «Arvad Darzah»? É um judeu da montanha. Comercializa couro para solas. Ainda que seja de raça tati, quer dizer, sequer é semita e mesmo assim fala um alemão precário. Do seu longo cachimbo dá baforadas na cara triste dos camelos que passam. Que animais incrivelmente patéticos! Sua burrice é de um tipo muito especial: é solene. Talvez no deserto deem uma impressão mais natural. Essa exótica praça de mercado para os camelos não é exótica o suficiente. Diante da loja do camarada Levin, parecem cavalos que não deram certo.

Cheira a pele queimada. Na esquina fica a *kuschetschnaja*, o botequim. A gordura de cordeiro é mais do que valorizada, creio. Fogo aberto estalando na cozinha. Por ora o vendedor cutuca o nariz. Passo por uma passagem entre casas. As pessoas moram em lojas bem abertas. Mulheres seminuas se balançam de maneira árdua e agitada sobre os baldes, fazendo um chiado. Anciãos cochilam sobre pedras. Uma velhice tranquila lhes é concedida. Crianças jogam cartas em uma poça d'água. Atenção! Não pise! Vendedores me chamam. O que devo comprar? Pães orientais, achatados, ázimos, «matzás» dos judeus; um cinto georgiano por seis rublos, de couro fino com chapas de prata penduradas, para ingleses uma «aquisição»; um punhal em uma bainha ornamentada em prata; cadarços verdes. Devo providenciar prendedores de cabelo, abotoaduras com bênçãos escritas em turco, uma tabaqueira feita de couro de cabra, uma trança de alho, um pedaço de lombo de carneiro recém-abatido, vermelho-sangue e apetitoso, queijo de ovelha redondo, relógios sem ponteiros, joias falsas, suspensórios verde-veneno, símbolos extremamente fracos da civilização. Estivadores grandes, fortes, escuros, com a barba por fazer em rostos tristes e cansados atrapalham meu caminho. Andam devagar de uma banca a outra. Comprar não é de modo algum sua intenção. Querem adquirir experiência. Jovens adolescentes carregam potes de água fresca na cabeça. Seus pés caminham, a cabeça fica parada. Os vasos repousam seguros como em soquetes de ferro. Meninas descalças, como de cartão-postal, vão às fontes buscar água, baldes sedentos pendurados numa vara que é carregada sobre o ombro direito. Representantes dos povos montanheses do Cáucaso usam gorros de pele enormes, rústicos, eriçados. Que relação têm esses gorros com as montanhas? Pergunto em vão.

Fervilham gorros de pele pesados, a maioria dos povos caucasianos está representada aqui. E quantos existem na gigantesca região do Cáucaso, nos 455 mil quilômetros quadrados? Um guia envelhecido conta que de quarenta a 45. Somente no norte do Cáucaso foi necessário fundar nove repúblicas depois da revolução. Eu sabia que lá viviam os nogais, os kara-nogais (nogais negros), os turcomenos (que hoje usam argola no nariz) e os karachais, de compleição bonita. Todos nós aprendemos que os curdos vivem no Curdistão, os armênios em Karabakh. Mas de quantos povos sabe falar um erudito, o filólogo finlandês, Simumagi, no instituto de pesquisa do Azerbaijão! Ele conhece os mugais e os lezguianos, artesãos habilidosos, da raça daguestanesa; somente no distrito de Kubruico há cinco pequenas tribos: *chaputlinzen*, *chinalupzen*, *budukhs*, *tchekzen*, *krislen*; os 50 mil *kuriner*, ao sul dos lezguianos; os tats, que são remanescentes dos antigos persas — no século VI e VII como muralhas vivas se estabeleceram contra cazares e hunos; no distrito de Nucha, os *wartäschen* e *nidseh*; os talysh no distrito de Lankaran. Nas estepes Mugan vivem as seitas camponesas russas. Elas foram assentadas ali pelo tsar de maneira forçada e como punição: os ducoborzes, os molokans, os starovery e os subotinikis. Nas ricas aldeias vinícolas de Gojza e Samachov vivem pessoas do campo, suábios. Em sua grande maioria são menonitas. Nas aldeias de Privolnaia e Pribosbotecoch vivem os judeus mais interessantes do mundo: os arianos puros. São camponeses russos que um dia foram subotinikis, sabatistas. Quando foram perseguidos pela Igreja oficial e pelas autoridades, por raiva e teimosia converteram-se ao judaísmo. Autodenominam-se *gerim* (em hebraico, «estrangeiros»), parecem eslavos, vivem de lavoura e pecuária e são juntamente com os judeus «autênticos» bielorrussos e semitas, os mais devotos da União Soviética.

O antissemita racista ficaria em situação embaraçosa diante desses judeus. Um embaraço maior ainda poderiam causar os «judeus da montanha». Eu os visitei. Embora os ortodoxos entre eles afirmem o contrário, a ciência diz que não são semitas. Pertencem à raça tat. Inteirei-me de que os sionistas travaram contato com os judeus da montanha antes da guerra. Comprovou-se que o clero dos judeus da montanha, ao contrário de seus colegas judeus orientais, semitas e ortodoxos, era receptivo ao sionismo. A guerra interrompeu essas relações e a revolução as destruiu. A juventude comunista dos judeus da montanha não apenas é anticlerical como demonstra consciência nacional, ou seja, tat e não judaica. Os membros da nossa tribo, dizem os jovens judeus da montanha, não são os judeus do mundo, mas os tats maometanos e armênio-católicos. Agora foram abertas as primeiras escolas, por enquanto duas, com aulas em língua tat. Uma escrita tat nunca houve. Encontraram a saída pouco prática de utilizar o alfabeto hebraico para a língua tat. Nesse ínterim até mesmo os turcos adotaram o alfabeto latino.

De acordo com uma teoria ainda controversa, os povos do Cáucaso provêm da raça jafética ou alarodiana. Os jaféticos teriam um dia povoado toda a região mediterrânea. Os hititas bíblicos eram jaféticos, os urartus ou caldeus, os nairis e mitanis, que aparecem em escritas cuneiformes assírias, foram os primeiros habitantes de Chipre e Creta, os pelasgos, etruscos e lígures eram ibéricos, e seu atuais remanescentes são os bascos dos Pirineus. Os indo-europeus expulsaram os jaféticos, os iranianos entraram no Cáucaso e colonizaram as tribos sassânidas que ali viviam, os árabes lhes levaram o islã e os turcos, a língua turca. Uma assimilação geral nunca vingou. Nos desfiladeiros e nos vales inacessíveis do Cáucaso vivem os últimos remanescentes de um exotismo há muito desaparecido, de culturas há muito dissipadas. O completo desenvolvimento da espécie humana deve ser visto no exemplo vivo do Cáucaso: a transição de primeiro habitante das cavernas a agricultor sedentário, de nômade guerreiro a pastor pacífico, de calçador selvagem a ducoborze pacifista que por religião é vegetariano...

Todos esses povos têm hoje completa *autonomia nacional*, desde que tenham atingido um nível cultural que lhes permita reivindicar essa autonomia. De todos os postulados da democracia e do socialismo, é o da igualdade de direitos de minorias nacionais que foi cumprido na Rússia de maneira brilhante e exemplar. Justamente no Cáucaso a solução da questão das minorias levou a graves complicações: às vezes, em uma única cidade de tamanho médio encontravam-se as autoridades centrais de três repúblicas. Uma cidade compunha-se na realidade de três. E toda nação, mesmo a menor delas, insistia em seus direitos. O despertar de uma nova consciência nacional transforma-se facilmente em nacionalismo. Teria sido talvez mais prático russificar todas essas nações de forma apropriada, coisa de que o governo tsarista não foi capaz. Agora é tarde demais ou talvez cedo demais. Com grande esforço se conseguiu por ora criar um labirinto nacional a partir de um emaranhado de povos; é complicado, porém sistemático. O estrangeiro se perde, mas o nativo sabe se orientar. E se os naganzen, que hoje ainda comem seus parasitas, descessem de suas montanhas e reivindicassem uma autonomia limitada que lhes fosse apropriada, eles poderiam obtê-la. Em princípio, nos Estados soviéticos qualquer tribo pode se tornar «nacional» a seu modo.

O governo tsarista não entendia nada das particularidades do Cáucaso. Os grão-duques e príncipes, os governadores policiais e generais consideravam os nativos como «selvagens» que se podia mandar fuzilar pelos próprios soldados caso se insurgissem, como soldados «inimigos» se deflagrasse uma guerra. As ideias que um lugar-tenente tsarista tinha do povo que dominava eram mais primitivas ainda que as ideias que esses súditos tinham dos tsares. Li algumas «memórias» nas bibliotecas de Tíflis e Baku cujos autores haviam sido altos dignitários no Cáucaso. Todas as suas observações são do nível daqueles famigerados comentários do viajante inglês, Hanway, de meados do século XVIII: «Os calmucos têm a compleição facial semelhante à dos chineses, mas são mais atrevidos e selvagens»...

É natural que esses tipos de representantes da cultura russa não pudessem de modo algum russificar. Para o tsar não era absolutamente a cultura russa que importava, ela estava até mesmo proibida na Grande Rússia. O que importava eram os impostos, as riquezas minerais e o pão.

É pouco provável que a história do Cáucaso faça um dia o caminho inverso: em vez de unificar tribos em nações, forme muitas novas nações a partir de pequenas tribos. É certo que aqueles povos caucasianos, que já têm uma hinterlândia cultural forte, desenvolverão sua cultura nacional. Mas os tats, os cumiques, os tchetchenos serão um dia absorvidos pelos grandes povos vizinhos. Acredita-se que o longo caminho da assimilação de um povo primitivo por um superior começa com uma nova consciência nacional própria, com um novo e próprio livro didático para o primeiro ano primário. Também o caminho para a grande internacionalidade, ainda muito distante, começa com um alfabeto próprio. A língua materna proporciona a língua universal, o sentimento nacional se espalha, tornando-se universal.

A concessão das autonomias nacionais não foi apenas uma norma comunista. Foi também uma inteligência política, pois o que aprendem hoje as novas nações em seus livros didáticos nacionais? A história e a glória da revolução. A ideia nacional às vezes corrompe o ser humano primitivo mais que a comunista. Mas agora o comunismo tem traços nacionais, o patriotismo, traços comunistas. Quem marcha atrás da bandeira nacional segue também a bandeira internacional vermelha. Sentimento nacional e concepção de mundo comunista são quase sinônimos para a juventude da maioria dos povos caucasianos. O comunismo conseguiu o que a monarquia absoluta não foi capaz e não quis: a segurança nacional absoluta. Não há mais pogroms contra armênios em Baku nem contra judeus na Bielorrússia e na Ucrânia. O novo governo no Cáucaso é tão forte e seguro quanto era fraco e vacilante o antigo. Em Tíflis vi o cortejo fúnebre de um oficial; à frente da escolta de honra militar havia vinte filas duplas em traje nacional georgiano — gorro de pele, sabres, cartucheiras, pistolas, punhais. Era uma associação nacional a que pertencera o morto. Na ponta dos georgianos nacionais ondulava a bandeira vermelha comunista.

A ideia de que um camponês caucasiano ainda hoje não sabe «se é o tsar ou Lênin quem governa» é *equivocada*. A cada ano as regiões petrolíferas se industrializam e o Exército Vermelho revoluciona uma nova espécie de camponês. Em Guria, na parte ocidental da Geórgia — a cultura desse país é, contudo, mil anos mais antiga do que a russa —, os camponeses foram obrigados por meio de uma dura e constante servidão, mesmo depois de 1864, a migrar para os centros industriais. Em 1902, na greve de Batum, foram fuzilados dezenove locais, e sua pátria se vingou. Durante um ano inteiro o exército não pôde fazer nada contra os camponeses armados, a polícia foi enxotada e assassinada, adotaram uma constituição própria, socializaram grandes extensões do país, deram direitos iguais às mulheres e estudaram Marx em reuniões públicas — enquanto o governador de Tíflis assistia a tudo sem poder fazer nada. Somente em dezembro de 1905 o país foi «pacificado» à maneira russa, com grandes tropas militares.

A velha aristocracia georgiana em parte fugiu, em parte migrou para a condição de homem NEP. Hoje, as figuras garbosas de fardas exóticas encontram-se em frente às casas noturnas de Montmartre. Nas cidades russas andam à paisana e fazem negócios com pequenos comerciantes. Oito anos atrás, um cavalheiro caucasiano poderia ter dado uma sova sem ser punido no joão-ninguém que é hoje seu companheiro. Nas ruas de Tíflis se veem senhores de boa compleição física negociando com judeus de Minsk e da Grécia que falam gesticulando. Cazares, hunos, bizantinos, árabes, tártaros, mongóis, persas, turcos, selijúcidas conquistaram Tíflis revezando-se até 1795.

Depois veio uma pausa. Desde 1923 são os homens NEP que dominam.

Em Baku as chances são melhores ainda. Em um bulevar animado vagueia uma completa bolsa de valores. Há pessoas sentadas em restaurantes cuja iluminação reflete sobre o mar Cáspio. Veem-se os navios aportando que descarregarão as mercadorias. Que agradável fazer seus cálculos ali! Ouve-se das tendas em forma de abóbada, que parecem caixas de ponto de teatro, a lacrimosa música turca, os sons do *saz* e do *tar* que permeiam a fronteira tênue entre selvageria e sentimentalidade... e se fazem negócios.

QUAL É A FISIONOMIA DA RUA RUSSA?

Frankfurter Zeitung, 31 de outubro de 1926.

À primeira vista, as *ruas das cidades russas* são coloridas e animadas. Muitas mulheres usam lenço vermelho na cabeça, com um nó grande na nuca. Aliás, é a única galanteria prática da revolução. O lenço vermelho rejuvenesce as mulheres de idade, às jovens confere um elã audaz, erótico. Diante de algumas casas ondulam as bandeiras vermelhas. Sobre portas e placas está a estrela soviética. Os cartazes diante dos cinemas são de um colorido ingênuo, campestre. As pessoas amontoam-se diante das vitrines, adoram andar em serpentina, constituindo uma grande riqueza de movimentos. Em um contraste intencional aos passantes, provavelmente pedagógico, os meios de transporte públicos demonstram rapidez, velocidade, como na «América». Há bons ônibus ingleses dos mais modernos, mais leves e de melhor qualidade que os berlinenses e os parisienses. Deslizam, passando a toda velocidade sobre o pavimento mais terrível do mundo, o russo, que é como uma orla marítima pedregosa e batida. A campainha dos bondes soa bem alto, como despertadores. Os automóveis fazem um chiado estridente como cachorro novo. Os cavalos das carruagens estalam as ferraduras de um jeito engraçado. Os vendedores ambulantes apregoam e enaltecem suas mercadorias, incutem coragem mais a si próprios que aos compradores. Sobre os telhados brilham as cúpulas de fábulas das igrejas russas, florescem as cebolas douradas, frutos de um cristianismo colorido, estranho, exótico.

Não obstante, tenho a sensação de que a rua russa é cinza. A massa que a povoa é cinza. Ela engole o vermelho dos lenços, das bandeiras, dos distintivos e o reflexo dourado dos telhados das igrejas. Nada mais que gente pobre e vestida de qualquer jeito. Dela emana uma grande seriedade, patética em sua pobreza, avassaladora em sua sobriedade. A rua russa lembra a encenação de um drama social, é carregada do cheiro de carvão, couro, comida, trabalho e gente. É a atmosfera das *assembleias populares*.

Ainda é como se tivessem aberto há apenas algumas horas a porta da cidade e das fábricas, as portas estreitas das prisões e os portais pomposos das estações ferroviárias; como se tivessem há apenas uma hora suspendido as barreiras, colocado as locomotivas em movimento, cavado túneis, arrebentado correntes, como se tivessem há pouco libertado a massa, como se a Rússia inteira estivesse de pé. Falta-lhe ainda o branco alegre que é a cor da civilização, como o vermelho é a cor da revolução. Falta-lhe a clara alegria que apenas um mundo antigo e completamente formado produz, e não um mundo em formação. Falta-lhe a leveza que é filha do supérfluo. Aqui se vê apenas a miséria ou o necessário. É como se eu andasse pelo arado onde cresce muita batata, amargamente necessária, abundantemente semeada.

Muitas coisas são improvisadas: caixas de madeira dos engraxates com cadarços pretos e marrons, com pequenas e miseráveis pirâmides de potes de graxa; saltos de borracha cinza e grandes, ferraduras para gente. Um homem fica parado, levanta um pé para receber a ferradura. Enquanto o ferreiro que

é um sapateiro o agita, o martelo faísca no lusco-
-fusco. Mulheres com roupas pesadas acocoradas no
calçamento vendem sementes de girassol. Por dois
copeques se recebe um copo cheio, transbordando.
Uma entre cinco pessoas salpica seu redor com as
cascas cinzentas. Um bando de crianças sem-teto,
pitorescas e maltrapilhas vagueia, caminha, senta-se
nas ruas. Mendigos de todos os tipos e tamanhos es-
preitam com rapacidade os corações nobres. Há melancólicos com o conhecido e mudo olhar acusató-
rio; clérigos que ameaçam com o além e cantam suas
próprias letras nas melodias dos cânticos; mulheres
com crianças e crianças sem mulheres; os amputa-
dos e os que simulam. Ali há pequenas lojas provi-
sórias com vitrines separadas. À esquerda estão os
relógios, à direita, chapéus femininos balançam em
hastes. À esquerda estão martelos, facas e pregos, à
direita, sutiãs, meias e lenços.

No meio disso tudo se desloca a multidão: homens com camisas baratas, muitos com jaquetas de
couro, todos de gorro marrom e cinza, camisas cinza,
marrons e pretas; muitos camponeses e uma semir-

ruralidade, a primeira geração que aprendeu a andar na rua pavimentada; soldados com longos sobretudos amarelos, milicianos com quepes escuros, vermelho-escuro; homens carregando pastas, ou reconhecíveis como funcionários públicos mesmo sem esses apetrechos; antigos cidadãos que permanecem com o colarinho branco, ainda usam chapéu, uma barbinha preta, a moda da intelligentsia russa dos anos 1890, e o indispensável pincenê com a fina correntinha dourada que delimita a orelha e o crânio; pessoas que discutem calorosamente enquanto estão a caminho do clube; algumas moças de fortuna, medrosas, muito primitivas, garotas de esquina; raramente uma mulher bem-vestida; nunca uma pessoa desocupada, nunca uma que se pudesse ver que não tem preocupações. De todos eles sopra o ar de uma vida cheia de trabalho ou de problemas. Quem não é trabalhador é funcionário público ou de escritório. Quem não trabalha se prepara a trabalhar. Quem não está no Partido se prepara para ser admitido (e inclusive o ser «sem partido» é uma espécie de atividade). Todos têm uma posição bem definida em relação ao mundo novo. Corrigem seu ponto de vista. Nunca se é totalmente uma pessoa privada. Sempre se é um componente dinâmico da sociedade. Organizam, poupam, iniciam campanhas, proferem resoluções, esperam por uma delegação, acompanham-na, alguém é excluído, o outro é admitido, coletam, entregam, carimbam, fazem isso, isso e isso! O mundo inteiro é um aparato descomunal. Todo ancião, toda criança é participante e responsável. É um grande construir, aterrar e carregar tijolos, aqui há escombros, ali novo material de construção, e todas as pessoas sobem nos andaimes, ficam de pé em escadas, sobem escadarias, consertam, desmontam, aterram. Ninguém ainda é livre e soberano sobre a terra.

Por isso, às vezes, mesmo as ruas das cidades russas mais antigas me parecem (de Kiev e Moscou) ruas de um país novo. Lembram-me as cidades novas das colônias do Oeste norte-americano, sua atmosfera inebriante e de contínuo nascer, de busca da sorte e de apátridas, de arrojo e espírito de sacrifício, de desconfiança e temor, de primitivas construções de madeira ao lado de tecnologia complexa, de cavaleiros românticos e engenheiros sóbrios. Também para cá as pessoas confluíram de todos os lados do imenso país (em toda cidade a população muda a cada ano), deixaram para trás fome, sede, luta e morte, pela frente têm ainda uma manhã azul, porém muito longa. O hoje consiste em tábuas, cruzes quebradas, casas em escombros, arame farpado diante dos jardins, novos andaimes diante de construções semiacabadas, antigos monumentos destruídos pela revolta, novos construídos por mãos demasiado precipitadas, templos transformados em clubes, nenhum clube que substitua um templo, uma convenção destroçada e uma nova forma em lenta gestação. Algumas coisas são demasiado novas, novas em folha, novas demais para envelhecer bastante, trazem o símbolo da América na testa, da América cuja tecnologia constitui a meta provisória do novo mestre de obras russo. A rua se apressa do sonolento oriente ao mais ocidental dos ocidentes, do mendigo aos luminosos de publicidade, do vagaroso cavalo de carruagem aos ônibus ruidosos, do *isvochtchik* ao chofer. Mais uma pequena volta e esta rua levará diretamente a Nova York.

Admito envergonhado que nessas ruas às vezes sou acometido de um pesar muito preciso. Em meio à admiração por um mundo que, pela própria força, com mais êxtase que material, sem dinheiro e sem amigos, imprime jornais, escreve livros, constrói máquinas e fábricas, cava canais depois de mal ter enterrado seus mortos, em meio à admiração, sou tomado por uma saudade de casa, da nossa leveza e sordidez, uma nostalgia do aroma da civilização, uma doce dor pela nossa decadência já cientificamente comprovada, um desejo infantil, bobo, porém fervoroso, de tornar a ver um desfile de moda no Moulineux, um vestido gracioso em uma moça tola, um número da revista *Sourire* e o declínio total do Ocidente; é provável que se trate de um atavismo burguês.

O LUGAR DOS JUDEUS NA RÚSSIA SOVIÉTICA

Frankfurter Zeitung, 9 de novembro de 1926.

Também na velha Rússia os judeus eram uma «minoria nacional» — mas a diferença é que eram maltratados. Por meio de desprezo, de opressão e dos pogroms, a população judaica vivia em uma nação separada, só sua. Não havia esforços no sentido de assimilá-la à força. O que havia eram esforços para segregá-la. Os meios empregados contra os judeus davam a impressão de que a intenção era mesmo exterminá-los.

No Ocidente, o antissemitismo talvez constituísse uma espécie de instinto de defesa primitivo. Na Idade Média cristã, fanatismo religioso. Na Rússia, o antissemitismo era um instrumento de governo. O humilde «muschik» não era antissemita. Para ele, o judeu não era um inimigo, e sim um forasteiro. A Rússia, que estava de portas abertas para tantos estrangeiros, também o estava para os judeus. Os mais instruídos e os burgueses, esses sim eram antissemitas, porque a nobreza o era. A nobreza o era porque a corte o era. E a corte o era porque o tsar, ao qual não convinha dar a impressão de temer os próprios «súditos» ortodoxos, fingia temer somente os judeus. Por causa disso, a tendência era atribuir-lhes características que os faziam parecer perigosos a todos: para o simples «homem do povo», cometiam assassinatos em rituais religiosos; para o pequeno proprietário, arruinavam a propriedade privada; para os funcionários públicos de alto escalão, eram malandros plebeus; para os nobres, escravos perigosos; e, finalmente, para os funcionários públicos de baixo escalão, que serviam a todos os anteriores, eram tudo isso ao mesmo tempo: assassinos, mercenários, revolucionários e plebeus.

O século XVIII trouxe, nos países ocidentais, a emancipação do povo judeu. Na Rússia, o antissemitismo oficial e legítimo teve início nos anos 1880. Em 1881 e 1882, Plehwe, o futuro ministro, organizou os primeiros pogroms no sul do país. O intuito era intimidar os jovens judeus revolucionários. Só que a plebe assalariada, que não queria vingança pelos atentados, mas simplesmente gatunar, aproveitava para assaltar as casas de judeus ricos e conservadores, que na verdade não deveriam ser atingidos pelas novas medidas. Assim se passou a fazer vista grossa aos chamados «pogroms silenciosos», estabeleceram-se as famosas «zonas de assentamento», os artesãos judeus foram expulsos das grandes metrópoles, instituiu-se uma cota máxima para judeus nas escolas (3%) e tolheu-se a inteligência judaica nas universidades. Porém, o milionário da indústria ferroviária Poljakow era judeu e amigo íntimo da corte, de modo que seus funcionários não podiam ser banidos das grandes cidades. Assim, milhares de judeus russos tornaram-se seus «funcionários». Muitas artimanhas desse tipo eram feitas, e a astúcia dos judeus era diretamente proporcional à corruptibilidade dos funcionários públicos. Nos primeiros anos do século XX, recorreu-se mais uma vez aos pogroms abertos e aos pequenos e grandes processos judiciais sobre assassinatos por rituais.

Hoje, a Rússia soviética é o único país da Europa em que o antissemitismo é tabu, por mais que ele não tenha desaparecido por completo. Judeus são cidadãos absolutamente livres — ainda que tal liberdade não represente exatamente a resposta para a questão judaica. Enquanto indivíduos, já não são alvo de injúria e perseguição. Enquanto povo, desfrutam de *todos* os direitos de uma «minoria nacional». Em toda a história do judaísmo, não há outro exemplo de libertação tão repentina e completa.

Dos 2,75 milhões de judeus na Rússia, 300 mil são empregados e trabalhadores regulamentados; 130 mil são trabalhadores rurais; 700 mil são artesãos e profissionais liberais. Os restantes são (a) capitalistas e «desclassificados», tidos como «elementos improdutivos», e (b) pequenos comerciantes, intermediários, agentes e vendedores ambulantes, não considerados produtivos ou membros do proletariado. A *colonização* dos judeus avança a todo o vapor — em parte graças aos investimentos estadunidenses, que, antes da revolução, se destinaram quase exclusivamente à colonização da Palestina. Há colônias judaicas na Ucrânia, perto de Odessa, perto de Kherson, na Crimeia. Desde a revolução, 6 mil famílias judaicas foram conduzidas para o trabalho no campo. Ao todo, 102 mil acres *desiatina* foram alocados a trabalhadores rurais de origem judaica. Ao mesmo tempo, investiu-se também na «industrialização» dos judeus, ou seja, os chamados «elementos improdutivos» foram empregados no setor industrial, e os jovens, encaminhados para formação técnica nas (cerca de trinta) «escolas técnico-profissionais» judaicas.

Em todas as regiões onde a parcela da população de origem judaica é alta, há escolas em língua judaica. Só na Ucrânia, 350 mil alunos frequentam esse tipo de escola, sendo cerca de 90 mil na Bielorrússia. Na Ucrânia, há 33 tribunais cuja língua oficial é judaica, judeus presidindo sessões em foros regionais e associações judaicas de milícias policiais. Há três diários judaicos de grande circulação, três jornais semanais e cinco mensais, além de alguns teatros municipais judaicos; há também alta representatividade de judeus nativos tanto nas universidades quanto no Partido Comunista. Há 600 mil jovens comunistas judeus.

A partir desses poucos dados e fatos pode-se deduzir a abordagem à questão judaica na Rússia soviética:

uma fé inabalável na infalibilidade da teoria somada a um idealismo um tanto despreocupado e despersonalizado, porém nobre e puro. Mas qual teoria? A teoria da autonomia nacional! Mas, para que essa teoria seja de fato aplicada, é preciso transformar os judeus em uma minoria nacional «de verdade», como fizeram os georgianos, os alemães e os bielorrussos. É preciso transformar a estrutura social da massa judaica, que não é lá muito natural, de um povo que, entre todos os povos do mundo, é o que mais tem mendigos, «beneficiários de subsídios» americanos, parasitas e desclassificados, é preciso fazer um povo com uma fisionomia local. E, como esse povo há de viver em um Estado socialista, é preciso que os judeus pequeno-burgueses e «improdutivos» se tornem trabalhadores rurais e se proletarizem. Afinal, é necessário designar-lhes um território delimitado.

É óbvio que um projeto assim tão ousado jamais poderia ser levado a cabo em pouco tempo. Graças à flexibilidade e à abertura aos judeus, a miséria dos mais pobres foi amenizada, mas apenas por ora. Por mais que muitos judeus tenham de fato se mudado para os novos territórios a eles reservados, os velhos guetos continuam lotados. Acredito que a vida do proletário judeu é ainda mais dura do que a dos outros. Devo minhas memórias mais tristes aos passeios pela Moldawanka, o bairro judeu em Odessa. Uma névoa pesada paira no ar, feito uma espécie de sina; lá, as noites caem como uma desgraça, e a lua aparece como que por zombaria. Os mendigos não simplesmente preenchem os espaços habituais nas ruas; lá, são mendigos três vezes, pois é seu lar. Cada edifício é dividido em cinco, seis, sete lojas minúsculas. Cada loja é um apartamento. Diante da janela, que também serve de porta, fica a oficina; atrás desta, a cama. Sobre a cama, os filhos, pendurados em cestos, são embalados de um lado para o outro pela desventura. Homens altos e corpulentos retornam para casa: são os judeus carregadores de carga voltando do porto. Diante dos seus conterrâneos pequenos, franzinos, histéricos e pálidos, parecem estrangeiros, uma raça selvagem e bárbara que foi parar entre velhos semitas. Todos os artesãos trabalham noite adentro. Luzes opacas e amareladas são derramadas das janelas feito lágrimas. Curiosas essas luzes, pois não emitem claridade, mas uma espécie de escuridão cujo cerne é luminoso. Não têm parentesco algum com o bendito fogo. Não passam de almas de escuridão...

A revolução não se coloca as mais velhas e importantes perguntas. Os judeus constituem uma nação como qualquer outra ou são mais ou menos do que isso? São uma comunidade religiosa, uma comunidade étnica ou constituem «meramente» uma unidade espiritual? É possível que um povo — que se conservou através dos milênios graças apenas à sua religião e ao seu status excepcional na Europa — seja de fato considerado um «povo» independentemente de sua religião? Nesse caso especial, é possível separar igreja de nacionalidade? É possível transformar em trabalhadores rurais pessoas com aspirações intelectuais radicadas, transformar em indivíduos com uma psicologia de massa pessoas dotadas de uma individualidade notável?

Conheço trabalhadores rurais judeus — claramente já não possuem os traços típicos do judeu de gueto, são homens do campo, porém bastante diferentes de outros trabalhadores rurais. O trabalhador rural russo é, em primeiro lugar, trabalhador rural, depois russo; o judeu é, em primeiro lugar, judeu, depois trabalhador rural. Bem sei que essa formulação provocará nas mentes «sedentas por dados concretos» a pergunta desdenhosa «mas como é que você sabe essas coisas?». Eu vejo essas coisas. Vejo que não é por acaso que judeus permaneceram judeus — e nada mais do que isso — por 4 mil anos. Possuem uma velha sina, um sangue velho e experiente, por assim dizer. São aculturados. Pertencem a um povo que já não tem analfabetos há mais de 2 mil anos, um povo que publica mais revistas do que jornais, um povo — provavelmente o único no mundo — cujas revistas têm maior circulação do que os jornais. Enquanto a enxada trabalha a terra, o judeu rumina as questões impostas pela teoria da relatividade, ao passo que, à sua volta, os outros trabalhadores rurais mal começaram a aprender a ler e a escrever. Ainda não foram inventadas ferramentas agrícolas para lavradores com mentes assim tão sofisticadas. Ferramentas primitivas carecem de mentes primitivas.

Até mesmo um trator não passa de uma ferramenta singela no entendimento requintado do judeu. Pode até ser que, no futuro, as colônias judaicas sejam bem mantidas, limpas, produtivas. (Hoje, pouquíssimas são.) Mas é justamente isso que elas são: «colônias». Não vão se tornar vilas.

Conheço bem a mais ordinária das objeções ao meu argumento: que a sovina, a plaina, o martelo dos artesãos judeus não têm nem um pingo a mais de sofisticação do que uma enxada. Mas o trabalho, em compensação, é inquestionavelmente criativo. O processo criativo por trás do pão é responsabilidade da natureza. Já a confecção de um par de botas se deve ao artesão e a ninguém mais.

A outra objeção também conheço bem: que muitos judeus são operários em fábricas. Mas, em primeiro lugar, trata-se em sua maioria de técnicos especializados; em segundo lugar, conseguem dedicar seu cérebro ao trabalho manual mecânico porque satisfazem sua avidez por meio de ocupações intelectuais paralelas, de dedicação a alguma forma de arte, de forte engajamento em causas políticas, de intensas leituras, de colaborações em jornais; e, em terceiro lugar, nota-se, sobretudo na Rússia, um êxodo — constante, embora ainda não significativo numericamente — de operários judeus de fábricas. Preferem trabalhar como artesãos, como profissionais liberais — ou até mesmo como empresários.

Pode um pequeno «arranjador de casamentos» judeu tornar-se trabalhador rural? Seu ofício é não só improdutivo como também de certa forma imoral. Vive mal, ganha mal e «mendiga» mais do que trabalha. Mas que serviço complicado, difícil — ainda que repreensível —, seu cérebro presta: interceder por «um partido», induzir um judeu rico e avarento a lhe dar uma esmola significativa! O que será de tal cérebro em um estado de inatividade mortal?

A «produtividade» judaica, afinal de contas, nunca é assim visível. Se são necessárias vinte gerações de improdutivos pensadores de araque somente para que um único Espinosa possa vir ao mundo, se são necessárias dez gerações de rabinos e negociantes para produzir *um* Mendelssohn, se são necessárias trinta gerações de músicos de rua para que surja *um só* virtuoso renomado, então aceito essa «improdutividade» de braços abertos. Talvez Marx e Lassalle não tivessem existido se seus progenitores tivessem sido transformados em trabalhadores rurais.

Em suma, quando, na Rússia soviética, sinagogas são transformadas em clubes de operários e as escolas do Talmude são proibidas por seu caráter supostamente religioso, é preciso, em primeiro lugar, que se pergunte em que medida os judeus do Leste representam ciência, religião e nacionalidade. Só que a ciência já é religião entre eles, e a religião, nacionalidade. Seu clero é formado por intelectuais, e suas orações são expressões de nacionalidade. Mas a nação que agora, na Rússia, graças ao seu status de «minoria nacional», tem acesso a direitos e liberdades, recebe terras e trabalho, é uma nação judaica um tanto diferente. Trata-se de um povo com mente velha e mãos novas, sangue velho e, guardadas as devidas proporções, uma linguagem escrita nova, bens velhos e estilo de vida novo, talentos velhos e uma cultura nacional nova. O sionismo pregava tradição e, *ao mesmo tempo*, o comprometimento com a modernidade. Os judeus nativos russos não olham para trás; não querem ser *herdeiros* dos velhos hebreus, mas simplesmente seus descendentes.

É claro que toda essa liberdade repentina traz à tona, aqui e ali, um antissemitismo ardente, ainda que velado. Quando um russo desempregado percebe que um judeu conseguiu trabalho em uma fábrica, para que seja «industrializado», quando um fazendeiro expropriado ouve falar da colonização judaica, é certo que ambos sentem no peito o velho instinto, vil, incutido artificialmente. No entanto, enquanto no Ocidente o antissemitismo tornou-se «ciência», e a sede por sangue nada mais é do que uma «disposição» política, na Rússia ele permanece um ultraje. A repulsão pública há de exterminá-lo.

Se a questão judaica encontrar resolução na Rússia, será meio caminho andado para o resto do mundo (praticamente não há judeus que emigram da Rússia, mas sim que imigram para lá). A fé das massas vem diminuindo em ritmo acelerado, as fortes limitações impostas pelas religiões vêm caindo por terra e as mais fracas, nacionais, não têm conseguido substituí-las. Se continuar assim, acabou-se o tempo do sionismo, o tempo do antissemitismo, e também, talvez, o do judaísmo. Aqui esse desdobramento será festejado; lá, lamentado. Seja como for, é importante que todos observem com deferência o modo como um povo se livra da infâmia que é sofrer, enquanto outro povo se livra da infâmia que é sujeitar outros ao sofrimento — é como a vítima que se liberta da tortura e o torturador que se liberta da sua própria maldição, que é ainda pior do que a tortura. Eis aqui uma grande obra da Revolução Russa.

O NONO ANIVERSÁRIO DA REVOLUÇÃO

Frankfurter Zeitung, 14 de novembro de 1926.

No dia 7 de novembro de 1926 comemorou-se o nono aniversário da Rússia revolucionária. Na noite do dia 6 acenderam a iluminação. Neste ano, ela parece menos generosa do que nos anteriores. O clima está úmido e nevoento, feito início de inverno. Mesmo na escuridão completa dá para perceber o céu totalmente encoberto. Letras iluminadas em prateado e vermelho lutam para sobressair à névoa. Retratos e bustos de Lênin são expostos nas vitrines, adornados de forma um tanto austera. O comércio está fechado. Ouve-se o inconfundível tilintar das chaves, que ecoa somente na véspera dos feriados. Durante a semana, parece mais um retinir corriqueiro. As pessoas se movem como se fosse sábado, a passos lentos, indo ao encontro do feriado. Mas em lugar nenhum se nota a agitação típica das festividades, assim, com noites iluminadas. Da terra úmida emana vapor, névoa paira sobre os telhados... É preciso economizar em tudo — menos na iluminação.

Na manhã seguinte, domingo, começa, às nove horas, o já famoso, histórico, desfile do Exército Vermelho na Praça Vermelha, no Kremlin. Os cenários e os desfiles parecem ter saído de um poema de Shakespeare. A Praça Vermelha é tão grande que pelo menos três amplos bulevares modernos, típicos das grandes cidades, caberiam dentro dela. Abre-se com um portal e fecha-se com uma igreja de múltiplas cúpulas. Diante da muralha entalhada encontra-se o mausoléu de Lênin, de madeira. Trata-se de uma mescla involuntária, mas de efeito simbólico, entre monumento e tribuna oratória. O cercado quadrangular de grama em torno dele alude apenas de leve a um cemitério.

Na praça estão os soldados, dispostos em amplas fileiras quadrangulares: casacos cáqui, canos de fuzil, cinturões amarelados, quepes russos de pala baixa e arredondada; fuzis, casacos, quepes; quepes, casacos, fuzis. À espera, ao fundo, a cavalaria, seguida da «cavalaria de Budionny» — com metralhadoras sobre ágeis carriolas —, da artilharia e dos tanques. Todos imóveis. Ao longe, uma música aproxima-se gradativamente. Uma manhã úmida de novembro atravessa a praça em sutis passos de galocha.

Na torre mais baixa está o mostrador do relógio, grande, claro, um tanto exagerado. O ponteiro pesado tateia os minutos com cautela, desloca-se de um ao outro, feito degraus em uma escada, rumo ao nove em algarismos romanos. Quando chega lá, o relógio bate em fortes badaladas metálicas, cujo timbre áureo soa estranho, distante, metade relógio e metade instrumento musical, preciso e com um quê eclesiástico. Nesse instante, o silêncio é ainda mais absoluto do que antes. De repente, um comando rompe o silêncio, totalmente inesperado, embora todos estivessem à sua espera. Três cavaleiros saltam à frente. Galopes. Longos casacos ao vento. O comandante do Exército e mais dois acompanhantes. Mandam as filas de cavalos diante de cada fileira de soldados para o lado direito. Todas as divisões gritam «hurra!». Um minuto de galopes, um segundo de «hurra». Marcha ao redor da praça! Volver! Meia-volta volver! A banda toca «A Internacional».

O comandante se dirige à varanda do mausoléu. Sobre duas estacas há dois megafones e alto-falantes, feito bocas negras. Transmitem a voz para um lado e para o outro. Já não é a voz de um homem. É como se os aparelhos tivessem retirado as palavras de sua boca; ele agora apenas faz os gestos que acompanham o próprio discurso. O que está dizendo? Expressões de júbilo, expressões de jornal: Exército, proletariado, operários e trabalhadores rurais, prontidão, por enquanto nenhum perigo, mas o mundo permanece capitalista. E seus representantes estão lá embaixo — um ostenta uma cartola; a maioria está de chapéu-coco, envolta em peles, os pés molhados. A sina dos diplomatas é dura.

Pausa. Aceno do alto. Comando. Comando repetido três vezes. Primeira passagem. Conversão à direita. Música. Marcha.

Esse desfile é a mais poderosa encenação militar da atualidade e, provavelmente, de todos os tempos, depois de Napoleão. É também a mais poderosa encenação da Rússia soviética. A despeito das várias repetições, não perde em nada sua força. Sempre permanece novo, como uma boa peça depois de vinte produções. Trata-se do único desfile em que absolutamente nada é supérfluo, nem um botão reluzente, nem um artifício teatral, nem um único gesto apressado. Possui apenas uma incoerência histórica: os soldados gritam «hurra» — uma segunda vez — quando passam pelo comandante. A massa imóvel deveria abrir a boca; já os em marcha deveriam permanecer calados.

Nem um passo exagerado, nem um movimento de cabeça artificial. A natureza militar do desfile é absolutamente humana. Amplas fileiras marcham, paredes ambulantes. Pernas a passos largos sob os longos casacos. E assim surge uma espécie de marcha fluida, solenidade cheia de personalidade, procissão precisa.

E ela não acaba. Ainda que permaneça sempre igual, continua empolgante. Os olhares se dirigem a cada divisão, feito um novo ato em uma peça — e já sabem muito bem o que esperar: cáqui, cáqui, cáqui, casacos, fuzis, quepes. Até que as últimas divisões trazem um elemento surpresa: rostos. Trata-se das tropas de elite: ferroviários, sapadores, técnicos, tropas de segurança. Os quepes são agora coloridos e os rostos, individuais.

A música da infantaria cessa. Distante, débil, uma música argêntea começa a entoar. São notas cavalgantes, a melodia se aproxima — uma cavalgada musical à frente da cavalaria propriamente dita. Galope, galope! Ainda fisicamente próxima, desaparece repentina, feito uma aparição. Na sequência, veículos leves com metralhadoras leves: cocheiros eretos, rédeas curtas, crinas ao vento — os veículos lembram as quadrigas romanas. Resvalam contra o chão ao flutuar, enquanto a artilharia, mais pesada, mais presa ao chão, mais estável, vem logo atrás. Os tanques choram. Algo dentro deles parece bater, um fio teso tine, um animal metálico uiva.

Os adidos militares estrangeiros estão lá, como manda o figurino. Dois oficiais poloneses se dirigem à beira da calçada. Os soldados do Exército Vermelho observam os oficiais. Os oficiais estrangeiros são todos formalidade, todos serventia, todos direito internacional — fato que não justifica, mas pelo menos garante a existência enigmática de adidos militares uniformizados.

O que se segue é um longo intervalo, durante o qual os adidos e os diplomatas vão embora.

Os operários vêm de longe, com suas bandeiras, horas de espera. O clima está úmido, é novembro, e é o nono aniversário da revolução. E chuva, umidade e nove anos revolucionários, somados a uma reconstrução penosa, um pouco de crise, um pouco de amidalite, uma pitada de roupas inadequadas — tudo isso os deixa tão cansados, tão murchos, tão «não militares». É preciso esperar meses, e agora, um instante em que se pode olhar nos olhos dos companheiros lá de cima, o presidente Kalênin, aquele acenando com o lenço, os membros do Partido. É possível ler o futuro em seus rostos? O que é que se deve fazer — gritar, observar? E, antes mesmo que se tivesse decidido (agora mesmo já estão gritando «Viva a união do Partido!»), o instante passou, a multidão foi adiante e passou você, passou, mais um feriado passou, e atrás da Praça Vermelha, na rua, de rosto velado, está a história mundial.

A RÚSSIA VAI PARA A AMÉRICA

Frankfurter Zeitung, 26 de novembro de 1926.

Quem nos países do mundo ocidental levantar o olhar para o Leste a fim de contemplar o clarão vermelho do fogo de uma revolução *intelectual* terá, ele próprio, de se esforçar para pintá-lo no horizonte. Muitos o fazem. Mais do que revolucionários, são românticos da revolução. Enquanto isso, a Revolução Russa já chegou há muito tempo a certa estabilidade. O feriado inebriante e ruidoso terminou. O dia de semana começou sóbrio, cinzento, árduo. Mas, no Ocidente, grande parte da elite intelectual espera pela conhecida luz do Leste. A estagnação da vida intelectual europeia, a brutalidade da reação política, a atmosfera corrupta em que se faz e se gasta dinheiro, a hipocrisia daquilo que tem caráter oficial, o falso brilho das autoridades, a tirania da ancianidade, tudo isso obriga as mentes livres e os jovens a esperar mais da Rússia do que a revolução pode dar. Que grande engano! Pode ser que venham para cá e caminhem por ruas turvas, cinzentas; que falem com pessoas sobrecarregadas que, entre uma conferência e uma compra exígua com desconto e pagamento parcelado, passem horas na loja de departamento estatal; que entrem em moradias cujos constantes processos voam pelas repartições de inquilinato cujos ocupantes há anos vivem provisoriamente como em uma sala de espera; que vejam o aparato diligente desse enorme Estado, com milhões de braços, em um movimento incessante que confunde e às vezes é confuso e em vão; que vejam tudo isso e ainda creiam que existe aqui tempo e espaço para «problemas» intelectuais e êxtase. As tochas da revolução se apagaram. Agora reacendem os bons, ordeiros e bem-comportados lampiões.

Novo foi o espetáculo vermelho e grandioso da revolução *ativa*. Mas agora, camaradas, irrompeu a época da sobriedade útil, disciplinada. Esta Rússia não precisa de gênios, muito menos de literatos. Precisa com mais urgência de professores escolares que de teóricos arrojados, de engenheiros que de inventores, de construções que de pensamentos, de tendência política cotidiana que de inclinação ideológica, ou seja, de agitação que de tendência, precisa de fábricas e não de poetas; para a grande massa, precisa de higiene corporal popular e de uma mental que se chama «esclarecimento», precisa de livros-texto, e não de obras literárias. Aqui, «problemas» literários e culturais são um luxo. As dúvidas são suspeitas. Aqui, ver nuances sutilmente diferenciadas significa ter uma ideologia burguesa. Autoironia, atributo e florescimento de um espírito nobre são coisas pequeno-burguesas. A revolução foi um esforço dispendioso da história visando tornar a fisionomia das massas russas ao menos semelhante àquela dos europeus ocidentais. Foi uma revolução no campo material, político e social. No campo intelectual e intelectual-moral foi apenas um enorme *progresso* quantitativo. Se no nosso país uma velha e cansada cultura, como se diz, se torna patologicamente banal por meio de *girls*, fascismo e romantismo raso, aqui um mundo recém-desperto e com uma força brutal se torna salutarmente banal. Nossa banalidade decadente depara com a banalidade neorrussa, jovem, de faces rosadas.

Como isso é possível?, ouço perguntarem. Lemos aqui as últimas traduções recém-impressas dos mais novos autores russos! Lemos Romanov, Seifulina, Babel! Sim, todos esses livros, novos no nosso país, aqui já são velhos. Nem todos os autores jovens e talentosos são revolucionários com «disciplina», como é necessário que sejam, poucos são comunistas, alguns não estão de acordo com a censura. E todos os escritores retiram sua matéria da época monumental dos primeiros anos da revolução ou da grande mortandade e do sofrimento sobre-humano por causa da fome. Todos os bons filmes, como *O encouraçado Potemkin*, *Mat* e *Viêter* (sobre o qual ainda falarei) tratam de episódios revolucionários de épocas heroicas remotas ou recentes. Mas este cotidiano atual, esta luta diária cinzenta e pequena com milhões de preocupaçõezinhas cinza, quem é que ousa descrevê-la, quem pode descrevê-la? A época de atos heroicos acabou, agora é a época da dedicação aos trabalhos burocráticos. A época das epopeias acabou, agora é a época das estatísticas.

Tanto a ideia quanto a construção do novo Estado, que começou em nome dessa ideia, forçam a individualidade a ser considerada um fator de massa. Mas, se por um lado, quando se é fator de uma massa intelectual de grande estatura, é provável que não se tenha a necessidade de fechar acordos e se permaneça fiel a todos quando se é fiel a si próprio, por outro, o intelectual da Rússia atual tem de se sacrificar se quiser servir. Ele não se sacrifica pela ideia, pois não seria sacrifício, mas pelo cotidiano. Uma ampla esfera de atuação lhe é garantida, se ele quiser expandir-se em vez de aprofundar-se. O ser humano criativo, um revolucionário não por coação como o proletário, mas por livre e espontânea vontade ou por vocação, sempre será um revolucionário, *mesmo após revoluções vitoriosas*. Ele desfrutará da grande sorte de viver em um Estado que quer tornar todos livres. Mas a liberdade material é apenas uma das precondições mais primárias para sua existência. Não há forma de sociedade que possa disputar de maneira duradoura o domínio *intelectual* com a natural aristocracia do espírito. O aristocrata criativo não precisa de títulos nem de trono. Mas quem dita suas leis é a história, e não a censura.

Infelizmente, na Rússia atual é preciso cultivar o cidadão mediano. Evitam os cumes, constroem ruas militares. É mobilização geral. Um marxista confiável tem mais valor que um revolucionário arrojado. Um tijolo é mais útil que uma torre. No país todo se ouve: tratores! Tratores! Tratores. Civilização! Máquinas! Livros de ABC! Rádio! Darwin! Desdenham a «América», ou seja, o grande capitalismo sem alma, o país em que o ouro é Deus. Mas admiram a «América», ou seja, o progresso, os ferros de passar elétricos, a higiene e a água encanada. Querem a perfeita tecnologia de produção. Mas as consequências imediatas dessas ambições é uma nova adaptação *inconsciente* ao espírito americano. E é esse o vazio intelectual. As grandes conquistas culturais da Europa, a Antiguidade clássica, a Igreja romana, a Renascença e o humanismo, grande parte do iluminismo e todo o romantismo cristão, todos eles são burgueses. Todas as conquistas culturais da Rússia, o misticismo, a arte sacra, a poesia do eslavofilismo, o romantismo do campesinato, a cultura social da corte, Turguêniev, Dostoiévski, são obviamente reacionárias. Portanto, de onde tirar os fundamentos intelectuais para um mundo novo? O que resta? A América! A intelectualidade racional da América, vicejante, ingênua, esportivamente higiênica, sem a hipocrisia do sectarismo protestante, mas para isso de uma devoção com os antolhos do rigor comunista.

As revistas literárias têm hoje na Rússia uma tiragem inacreditavelmente alta, mas de uma qualidade sofrível. Qualquer pessoa meio instruída consegue lê-las. Mas os mais exigentes não conseguem. O estilo de que se vale a maioria dos jovens escritores tendenciosos é o estilo comum, acessível a todos, seus componentes são como letras de chumbo em caixas tipográficas. É uma linguagem primitiva, incapaz de reproduzir nuances e estados de ânimo com exatidão, compreensível a todos, mas também disponível a todos, um uniforme para fatos, princípios e agitação. O novo teatro (do qual ainda falarei) atingiu uma inacreditável perfeição técnica na arte de atingir efeitos. Em compensação, com isso se perde a sutileza do ator. Não é a ambientação do palco que é sugestiva, mas os meios técnicos. A nova pintura «revolucionária» limita-se a metáforas que carecem de força para se converter em símbolos. Muitas, mil, milhões de forças são libertadas. É provável que um dia acendam uma luz que será mais clara que o fogo da revolução. Mas hoje ainda não, tampouco em vinte anos. Por enquanto, a fisionomia intelectual da Europa permanece mais interessante, conquanto sua fisionomia política e social seja horrenda.

A MULHER, A NOVA MORAL SEXUAL E A PROSTITUIÇÃO

Frankfurter Zeitung, 1º de dezembro de 1926.

Quem fala de uma feia desordem moral na Rússia soviética, está caluniando-a; quem vê o despontar de uma nova moral sexual na Rússia soviética é um otimista bem-disposto; e quem aqui luta contra velhas convenções valendo-se dos argumentos do bem-comportado Bebel, como a sra. Kollontai, é o contrário de revolucionário, ou seja, *banal*.

A suposta «imoralidade» e a «nova moral sexual» limitam-se a uma redução do amor, a um acasalamento higienicamente impecável de dois indivíduos do sexo oposto, sexualmente esclarecidos mediante palestras escolares, filmes e brochuras. Na maioria dos casos, esse acasalamento não é precedido de «galanteios», «sedução» e enlevação da alma. Por conseguinte, na Rússia o pecado é tão enfadonho quanto para nós a virtude. A natureza, desprovida das folhas de figueira, faz valer imediatamente seus direitos, porque o ser humano tão orgulhoso de seu conhecimento recém-adquirido, de que descende do macaco, serve-se dos usos e dos costumes dos mamíferos. Isso o protege tanto da licenciosidade quanto da beleza; conserva-o devoto e naturalmente virtuoso; ele preserva a castidade dupla do bárbaro que recebeu aconselhamento pelo médico, tem a moral das medidas sanitárias, o decoro da precaução e a satisfação, de ter cumprido com prazer uma obrigação higiênica e social. *No sentido do mundo "burguês", isso tudo é altamente ético.* Na Rússia, menores de idade não são seduzidos e não sofrem abuso, porque todas as pessoas obedecem às vozes da natureza, e os menores, que não se sentem mais menores, entregam-se ciente, voluntariamente e com seriedade à tarefa social. As mulheres não mais cortejadas perdem seu magnetismo, não como consequência da completa igualdade de direitos perante a lei, mas da sua prontidão alicerçada pela política, por falta de tempo para o prazer e por um sem-fim de obrigações sociais, pelo trabalho incessante em escritórios, fábricas, oficinas, pela incansável atividade pública em clubes, associações, assembleias e conferências. Em um mundo no qual a mulher se tornou de tal maneira um «fator público» e parece estar tão feliz, naturalmente não há cultura erótica. (Além disso, na Rússia, o erotismo das massas sempre teve uma conotação grosseira, rural, utilitarista.) Na Rússia se começa lá onde entre nós Bebel, Grete-Meisel-Heß e todos os seus contemporâneos e correligionários literatos pararam.

Na Rússia acredita-se que se é extraordinariamente «revolucionário» quando se obedece ao pé da letra aos mandos da natureza e às exigências do entendimento simples. Mas não foi o grande gênio de Voltaire que passou por algumas reformas culturais «revolucionárias», e sim a sombra visível de Max Nordau. No lugar da hipocrisia tradicional surgiu o detalhismo teórico, no lugar da complexa moral, a naturalidade banal, no lugar da sentimentalidade culta, o racionalismo simples. Escancararam todas as janelas para que entrasse um ar viciado...

Parece que não se entende que o *amor* sempre é sagrado, que o momento em que duas pessoas se unem sempre envolve sagração. Esforça-se para simplificar de maneira demonstrativa o registro civil que foi incorporado à polícia local e consiste em três mesas: uma para casamentos, outra para divórcios e a terceira para nascimentos. Casar-se é mais simples que se registrar na polícia. Tem-se um medo grotesco de formalismos. Por um breve espaço de tempo o «batismo comunista» teve certa solenidade cerimoniosa. Mas logo foi abolido ou ao menos se tornou muito raro. O casamento mediano limita-se ao jantar em comum tarde da noite (após a assembleia habitual ou conferência, o «relatório» ou o «curso») e algumas horas de sono. Marido e mulher trabalham e conferenciam o dia todo em estabelecimentos separados. Quando casualmente num domingo ou numa manifestação coletiva descobrem que não combinam um com o outro, ou quando um ou o outro gosta mais de um terceiro, divorciam-se. Marido e mulher se conhecem menos ainda que os cônjuges no casamento capitalista com dote. Divórcios são mais frequentes que entre nós, porque se contrai matrimônio com «menos prudência» e de maneira mais irrefletida. A infidelidade também é mais rara, a limpidez, portanto, é maior. Mas não porque o *éthos* seja muito profundo, mas por as relações serem tão descontraídas e a forma tão simples. Todos nós somos mamíferos. Distinguimo-nos dos quadrúpedes pela educação sexual.

Isso não exclui a existência de uma «moral» velha, antiquada. Pois na Rússia o ser humano é parte integrante da rua, e esta espreita seu quarto. E como só se pode fechar um *olho*, mas não mil, a rua é mais pequeno-burguesa, antiquada e ranzinza que qualquer tia.

Muito mais revolucionária que os costumes é a *lei*. Ela não faz diferença entre mães casadas e não casadas, entre filhos de relações matrimoniais e extramatrimoniais. Determina que uma trabalhadora grávida não pode ser despedida; que lhe são concedidos dois meses de licença antes e mais dois depois do parto; que no mês do parto ela receba um salário duplo; que o pai pague a pensão alimentícia (se não estiver sem salário); que, eventualmente, se a mãe preferir indicar alguns homens como possíveis pais, que estes dividam os custos da pensão alimentícia; permite o aborto voluntário, prescreve a separação do casamento ainda que apenas uma parte queira dissolvê-lo, coloca em pé de igualdade o dito «concubinato» com o casamento realizado no registro civil; teoricamente dá direito também ao homem, sob determinadas circunstâncias, a reivindicar pensão alimentícia; não reconhece a comunhão universal de bens no casamento; fomenta muitos lares para mães e para crianças, comissões de proteção e serviços de assistência a lactantes. Em sentido moderno é uma lei humana que, no entanto, na prática pode levar tanto a dificuldades quanto ao ridículo. Os tribunais que há pouco tempo estavam sobrecarregados com processos de pensão alimentícia, ainda hoje continuam ocupados com eles. Chega-se gradualmente a algumas reformas básicas no âmbito do direito matrimonial como também em todos os outros âmbitos do direito. A teoria está trabalhando para se adaptar à vida, as pessoas estão no caminho para se adaptar às leis. Por isso, o desejo justo de uma sentença definitiva cede à necessidade de limitar-se a considerações e observações. A Europa Ocidental pode aprender *muito* com as novas leis russas, *tudo* com sua assistência social e absolutamente *nada* com sua moral sexual e seus costumes supostamente novos. Pois ela é antiga e às vezes reacionária. Por exemplo, é reacionário que o beijo na mão seja malvisto por medo de que, a mulher seja degradada a uma dama. É reacionário que com tantos floristas existentes nas ruas de todas as cidades russas, apenas as jovens comprem flores para presentear suas companheiras, enquanto seus jovens acompanhantes ficam de fora esperando impacientes, altivos em seu orgulho «Konsomol» em relação a tais «sentimentalismos burgueses». É reacionário transformar a mulher em algo neutro mediante paridade de gênero, seria revolucionário deixá-la ser feminina por meio do respeito. É reacionário apenas libertá-la, seria revolucionário torná-la livre *e* bela. A real degradação não é a de «ser humano» para «mulher», mas de ser humano livre, eroticamente culto, dotado da capacidade de amar para a de mamífero com funcionalidade sexual. O «darwinismo» é mais reacionário do que creem os bons revolucionários russos e a metafísica, que eles temem tanto quanto os burgueses temem a expropriação do capital, é mais revolucionária que o convencionalismo ateu. Uma «mentira convencional» pode ser mil vezes mais revolucionária que uma honestidade rasa, banal. E até mesmo a prostituição, odiada tanto pelas rainhas prussianas quanto por alguns comunistas, é uma instituição humana e livre, comparada à liberdade sexual acre, liberdade sexual fundamentada nas ciências naturais.

Na Rússia, a prostituição é um capítulo curto. A lei a proíbe. As prostitutas de rua — em Moscou oficialmente duzentas, em Odessa cerca de quatrocentas — são detidas, levadas para a delegacia e depois acomodadas em postos de trabalho. Em cidades russas maiores, algumas casas de tolerância arrastam sua existência ameaçada, miserável, primitiva e provinciana. Proxenetismo é severamente punido. Por conseguinte, muitas pessoas se veem obrigadas a privar o útil tráfego diante da ferroviária dos poucos carros que há em Moscou. Os motoristas vão bem, ao entardecer o telefone de uma locadora de automóveis estatal está eternamente ocupado e nisso há uma discreta ironia, a do abuso desse serviço. Uma corrida de uma hora nos carros sem taxímetro custa seis rublos. (Enquanto escrevo isso, inteiro-me de uma nova disposição legal, segundo a qual automóveis ocupados à noite tem de estar constantemente iluminados em seu interior.)

A Rússia não é imoral, de modo algum, é apenas higiênica. A mulher russa moderna não é nenhuma devassa, ao contrário, é uma função social bem-comportada. A juventude russa não é desenfreada, apenas desmedidamente esclarecida. As relações matrimoniais e amorosas não são imorais, mas apenas públicas. A Rússia não é um antro de pecados, mas um livro de ciências naturais...

Embora essa situação seja apoiada e mantida por uma violenta propaganda, em parte, é também uma reação natural ao tempo transcorrido da hipocrisia demasiadamente entusiástica, sentimental e cafona das relações amorosas. Se os novos reformadores acreditam que esse estágio de desenvolvimento do erotismo, que eu gostaria de denominar «científico-natural», é uma transição saudável para um amor salutar, novo e natural, então, será preciso esperar com eles. Mas, se creem que pode existir um amor natural entre *seres humanos* sem aquilo que eles temem como «metafísico», equivocam-se. A relação erótica que se restringe apenas ao corpo e à consciência parece exatamente como descrita acima. Por sorte, o ser humano tem a capacidade de emancipar-se da educação sexual púbere e da ingenuidade de um materialismo reaquecido. Mesmo que ele seja um negador da «alma» em um aspecto, um dia ela se fará notar: no amor.

A IGREJA, O ATEÍSMO, A POLÍTICA RELIGIOSA

Frankfurter Zeitung, 7 de dezembro de 1926.

Há uma diferença entre a convicção de que a religião é «veneno» e a atividade hostil aos produtores e divulgadores do suposto veneno: na Rússia soviética *não se persegue a Igreja*. Apenas se combate seu poder e sua influência. Não se faz guerra contra Deus, esforça-se para provar que ele não existe. Não se destroem igrejas, algumas são transformadas em museus. Não se pune a crença, tenta-se exterminá-la. Proíbem-se apenas aquelas manifestações religiosas que são ou poderiam ser contra o Estado. É muito raro que se impeça uma procissão, só se procura provar que ela é uma insensatez. O método de luta contra a Igreja é mais profilático que cirúrgico. A atividade religiosa entre jovens pode, às vezes, ter consequências desagradáveis. A atividade religiosa entre velhos é no máximo ironizada. O sarcasmo já é a arma mais incisiva que o Estado utiliza contra a Igreja. Na parede esquerda da atual Segunda Câmara soviética, lá onde antes ficava a Nossa Senhora ibérica milagrosa, atualmente se encontra a inscrição dourada: «A religião é o ópio do povo». (A Nossa Senhora, diga-se de passagem, foi transferida para sua própria capela, a vinte passos do grande portão do Kremlin, onde continua a ser adorada com devoção.) Mas essa citação pública também é uma manifestação dos tempos da primeira alegria da vitória. Atualmente predomina a trégua entre Estado e Igreja.

Às vezes também a amizade: na nova Rússia, por exemplo, as minorias religiosas gozam de uma liberdade incomparavelmente maior que em qualquer outra época. As pequenas religiões e a grande revolução tinham um inimigo em comum: o tsarismo ortodoxo. Conforme a resolução do XIII Congresso do Partido sobre o tratamento relativo a seitas, «Deve-se solucionar com especial cuidado a questão do comportamento relacionado aos sectários, sobretudo, porque muitos deles foram tratados cruelmente pelo tsarismo e alguns são totalmente ativos. Mediante um procedimento apropriado, seus elementos culturais de natureza econômica devem ser integrados ao grande fluxo do trabalho soviético». Em 1923, o governo reconheceu a «Associação Agrícola Menonita Panrussa», não obstante seus estatutos exalarem um espírito inacreditavelmente reacionário. E somente hoje se começa a reorganizar a associação, já que a propaganda comunista obteve algum sucesso entre os camponeses menonitas pobres e medianos. Em Moscou, entre outras publicações religiosas, sai mensalmente a revista dos adventistas do sétimo dia, que fazem uma propaganda fervorosa para a «leitura bíblica em casa», que certamente não é revolucionária. Maometanos, judeus, ducoborzes, molokans, todas as religiões conhecidas e desconhecidas, das quais a Rússia é tão rica, vivem livremente e inclusive descansam das perseguições do tsar, sob o domínio daqueles que, em princípio, são ateus. Quem alegaria que o governo soviético ainda hoje persegue a religião?

Limita-se a fazer *propaganda* contra ela. É a consequência natural do «materialismo dialético». Esforça-se para dar forma sóbria, fria e objetiva a essa propaganda. Apesar disso, não é culpa de seus autores que ela se degenere em agressividade. Pois, em primeiro lugar, de todos os métodos de catequização, os menos cautelosos, de acordo com sua natureza, consistem naqueles aplicados contra a fé. É mais fácil ferir sentimentos que opiniões, por exemplo. Em segundo lugar, os missionários do ateísmo não são apropriados para preservar justamente o que por profissão devem agredir. Têm por dever e profissão procurar, sob o ponto de vista científico-natural, o «nervo» que poderia ter provocado a suspeitosa metafísica em qualquer manifestação da vida. Sua ambição pode ser no máximo não «atiçar os nervos». Mas na maioria das vezes atiçam os sentimentos.

Não é o argumento do «materialismo» que é ofensivo, mas a *mediocridade* desse argumento. Também há, obviamente, os que são difíceis, mas inadequados à propaganda cotidiana. Na Rússia, o materialismo habitual, agitador, tem algumas «provas» grosseiras, desoladoras, inacreditavelmente antiquadas ao ouvido europeu, por exemplo: trovoadas e relâmpagos são fenômenos elétricos; o mundo é trilhões de vezes mais antigo do que crê a Bíblia; o mundo não foi criado em seis dias e o ser humano não provém do pó, mas do pitecantropo. Na Rússia reina uma alegria ingênua inacreditável em relação a essa descoberta. As pessoas têm orgulho de seu parentesco com o pitecantropo, como se dele esperassem uma herança e como se já não tivéssemos esgotado essa hereditariedade há muito tempo. No panfleto «Propaganda antirreligiosa na aldeia» de E. Feodorov, destinado a agitadores da aldeia, constam as seguintes definições: «A Festa de São Pedro e São Paulo faz parte daqueles feriados *que têm por objetivo justificar a exploração das massas trabalhadoras pelo capitalismo* e reprimir toda tentativa de insurreição por meio do apelo à autoridade divina». Ou «Todos os nossos fenômenos da psique — raiva, alegria, medo, a capacidade de pensar e raciocinar — são consequências do trabalho do cérebro central e dos nervos». O tradicional 20 de junho, Dia de Elias, que, de acordo com a crença camponesa decide sobre raios e trovoadas, na nova Rússia é celebrado oficialmente como o «Dia da Eletrificação». E às vezes um panfleto protesta contra o badalar irritante dos sinos, e em Zurique ele é proibido. Não sei se isso é verdade, mas Zurique! Zurique! Que modelo para revolucionários!...

Pois isso é que é antirrevolucionário, reacionário e antiquado nessa propaganda antirreligiosa: o desejo de sinos mudos; essa Festa de São Pedro e São Paulo que tem por objetivo justificar a exploração das massas trabalhadoras; esse «Dia da Eletrificação»; os fenômenos psíquicos do sistema nervoso e essa sobriedade que não conhece outros fenômenos psíquicos a não ser raiva, alegria, medo, a capacidade de pensar e raciocinar; cinco estados como cinco dedos; o argumento contra a Bíblia, um «conto de fadas»; o pitecantropo medíocre, banal, filisteu no meio dos Alpes suíços esclarecidos...

Quando Gorki escreveu certa vez em um artigo: «É preciso adiar por um tempo essa busca obcecada por Deus. Vocês não têm nenhum Deus! Vocês ainda não o criaram!», recebeu uma carta brava de Lênin: «Disso se deduz que o senhor é contra a busca obcecada por Deus apenas por um tempo! Todo Deus é uma epidemia, do ponto de vista social, não pessoal, toda invencionice de Deus não é outra coisa senão a carinhosa autoconsideração da pequena burguesia estúpida. Deus é, em primeiríssimo lugar, um complexo de ideias que foi produzido pela prostração do ser humano, pela natureza externa e pela opressão de classe».

Isso foi em 1913. E esse medo de Deus, que era tão grande quanto o de um devoto diante do diabo, era oriundo dos anos 1890. Entretanto, já estamos em 1926. Nesse meio-tempo surgiu a guerra, a morte, a grande revolução e o próprio grande Lênin, cuja morte provocou um calafrio por toda a Rússia, que não parecia ser apenas uma «função do sistema nervoso». Nesse ínterim aflora o conhecimento da relatividade da «verdade», da veracidade da «inverdade». Quando nos dizem hoje que algo é apenas «um conto de fadas», não é motivo nem de longe para não acreditarmos nele. Há muito aceitamos o pitecantropo, há muito digerimos o iluminismo. Já percorremos o caminho em que se constata com alegria que os «milagres» são «explicáveis». Agora já seguimos o caminho em que nos inteiramos de que o «explicável» também é um milagre. Em suma, estamos no século xx. Na

Rússia intelectual, não política, comemoram-se as últimas décadas do século XIX.

Pode-se ler no jornal a carta em resposta de um jovem comunista camponês: «Quando se termina o trabalho no campo, as ruas da nossa aldeia ficam novamente animadas. Nossa juventude de trabalhadores e camponeses não sabe o que fazer com o tempo livre. Por esse motivo, *em primeiro lugar*, vão todos os domingos à missa, *em segundo*, fazem todo tipo de arruaça».

Assim se pode entender o inacreditável caráter primitivo desse materialismo que se orgulha de ter finalmente desmascarado a missa de todos os domingos como sendo «todo tipo de arruaça», e talvez também se tenha uma vaga ideia da até agora tão desconhecida irreligiosidade da *pessoa russa mediana*. Sua credulidade era tão mantida e condicionada pelas primitivas formas sensuais e religiosas quanto sua descrença é agora mantida e condicionada pelo primitivo ABC científico-natural. Essa igreja que conduziu um regimento tão duro contra dissidentes criou as condições para a apostasia e a abjuração. Essa igreja esteve por um período a serviço de cãs maometanos contra camponeses russos. Ela presenteou a Rússia com o primeiro Romanov, o filho de seu líder, para se vender ao tsar como antigamente se vendia ao cã. Seus mosteiros viviam do trabalho dos servos. O Mosteiro da Trindade de São Sérgio tinha 106 mil servos, a Lavra Alexandre Nevsky, 25 mil. No início do século XX, a igreja russa tinha 2,611 milhões *desiatinas* de terras. A renda anual de uma pessoa da metrópole de Moscou era de 81 mil rublos, a do arcebispo de Novgorod, 307,5 mil rublos, a de uma pessoa da metrópole de Petersburgo, 259 mil rublos. Os sacerdotes da Igreja ortodoxa eram e são mais auxiliares e executores de cerimônias do que «servos de Deus». Não eram os mediadores entre a oração e o atendimento das preces. De certo modo a crença das massas passava por cima deles. Não tinham uma posição privilegiada, apenas rendimentos. Recebiam as tradicionais doações não como sacerdotes, mas como servidores do templo. A ideia que se formou na Europa de que na Rússia qualquer camponês é um «buscador de Deus» baseia-se em pressupostos literários mal compreendidos. Ele era apenas mais próximo à natureza e metafisicamente menos satisfeito. Agora conclui a fase da primitiva ciência natural, o primeiro nível do racionalismo. Como os intelectuais e os intelectualmente criativos, talvez também sucumba ao encanto de sua rica igreja, cujos filhos não precisam de sacerdotes por terem uma relação direta e imediata com os objetos de sua fé.

Ao ouvir seus sinos, obtém-se uma noção da estranheza, de algo sinistro dessa igreja. Todos tocam de uma vez. Os agudos tocam ruidosamente entre os baixos. Os baixos, pesados e antigos tocam cada vez mais rápido, como se ambicionassem ser tão ágeis quanto os jovens. Eles não oscilam em sentido horizontal como todos os sinos do mundo, parecem girar em círculo como bailarinas. O volume é tão alto como se estivessem embaixo, na rua mais próxima. Mas vivem bem alto, recônditos em torres — surpreende-nos a proximidade do som com a distância do instrumento, como em claras manhãs de verão, encantados, ouvimos o canto próximo das cotovias invisíveis que desapareceram no céu.

Quando os sinos badalam, todos os homens ajoelham-se, camponeses fazem três vezes o sinal da cruz, caminhando sem interrupção, em uma manifestação mecânica. Os mendigos postam-se diante das igrejas, como se a entrada custasse dinheiro, o rosto voltado para o brilho que vem de dentro, dos hábitos dos popes, prateados, azuis, vermelhos, das portas com delicadas filigranas douradas atrás do altar, das grossas velas douradas. Mulheres de preto com o rosto coberto passam furtiva e continuamente de castiçal em castiçal. Grudam todos os toquinhos de velas queimadas nos novos círios. De preto, pequenas, ágeis e silenciosas, com óculos sobre o nariz, parecem corujas de igreja que após a missa ficam empoleiradas nas vigas e na cornija. O tom baixo e negro da voz do pope emerge de um ataúde, de cima vem a ladainha aguda de uma mulher. O ritmo e o timbre da reza são como os dos sinos. As mesmas leis acústicas dominam sinos e gargantas.

As igrejas são mais bem frequentadas do que se pode acreditar. Em sintonia com a época, os mosteiros e os conventos de freiras transformaram-se em «comunidades de trabalho», cultivam em suas terras com devoção e entregam seus rendimentos relativamente altos às igrejas e aos popes. Em Carcóvia (na Ucrânia os camponeses são muito devotos), em uma procissão solene relacionada ao feriado de outubro, levaram os ícones da região de volta para a cidade. Estes tiveram o verão todo que cuidar da fertilidade dos campos. As ruas estavam cheias, as carruagens nem podiam passar, todas as aldeias da região pareciam estar na cidade. Todos os sinos badalavam. A multidão ajoelhava-se. Muitos tocavam o pavimento molhado com a testa. Caía uma chuva fina, típica de outubro, exalava um cheiro de folhagem murcha como incenso sobre as pessoas. Anoiteceu. Chegou a hora em que nas aldeias começam as palestras nos clubes onde se aprende a ler e escrever, a origem do ser humano e o definitivo vazio do céu.

Como se vê, é uma calúnia grosseira falar de perseguição da Igreja. A luta *se realiza em uma esfera completamente distinta*. O racionalismo alegre-fresco-seco encontra sua expressão na arte, na literatura, nos poemas, em ensaios, em todas as coisas da vida intelectual. A antirreligiosidade se torna antiquada, rasa, enfadonha. A ironia banal do «instruído», a qual denomina todos os fenômenos que transcendem o entendimento de «uma conversa de chá para senhoras espiritistas» e se sente muito perspicaz, não tem outro êxito senão o de aproximar de maneira suspeita o mais inteligente «ateu» de um autodidata semi-instruído. Paira um cheiro no ar de espírito muito seguro de si, estreito, intransigente e esclarecido: é o cheiro de dicionário onde «tudo já está escrito»...

A CIDADE ENTRA NA ALDEIA

Frankfurter Zeitung, 12 de dezembro de 1926.

A civilização do *camponês russo*, a reabilitação de sua humanidade, a extinção dos proprietários de terras, dos privilegiados flageladores de nagaica em punho, desse sistema escravocrata grotesco, dos açoitadores «patriarcais»: esses são até agora os maiores méritos humanos e históricos da grande revolução. O camponês russo está liberto para sempre, com sua bela, vermelha e solene entrada para a ala da humanidade livre.

Sabe-se que em nenhum outro país do mundo a diferença entre cidade e aldeia era tão grande quanto na Rússia tsarista. O camponês estava mais longe da cidade do que das estrelas. Por isso, uma das maiores preocupações da Rússia revolucionária consistia em: como levar a cidade ao camponês? Ela não pode se satisfazer deixando a proletarização do camponês a critério do desenvolvimento histórico e econômico. A cidade avança de certo modo voluntariamente para a aldeia, industrializa-a. Abastece-a com instrução, propaganda, civilização, revolução. Baixa seu próprio nível — que na Rússia se torna palpável em todas as áreas intelectuais — para ser compreendida pela aldeia. Era uma vez o sonho romântico da velha intelectualidade revolucionária eslavófila narodnista de «se aproximar do povo», dos pobres camponeses a fim de atear a «revolta». Que aspecto distinto, racionalista, matemático, preciso e prático tem a revolução na aldeia realizada pelos comunistas!

Uma das mais difíceis tarefas da revolução: revolucionar os camponeses, mas antes realizar todas as conquistas civilizatórias que são a obra do capitalismo. A revolução tem de certo modo que difundir a «cultura capitalista» em nome do socialismo. Além disso, em *uma* década precisa levar as massas rurais da Rússia até onde séculos de desenvolvimento capitalista levaram as massas ocidentais. Ao mesmo tempo deve eliminar toda tendência despertadora para a «psicologia burguesa». E como é sempre difícil separar a «psicologia» do objeto, a tarefa da revolução torna-se cada vez mais difícil quanto mais ela progredir. Como conciliar a educação voltada para a exploração capitalista e racional da propriedade com o «sentimento coletivista»? Aqui reside o maior perigo para a revolução. Afinal, ela não trabalha contra sua vontade para um *aburguesamento* do primitivo? Não retém a obra do socialismo enquanto o propaga? Não perde demasiada energia com o civilizar? E resta-lhe ainda intensidade suficiente para a segunda etapa mais próxima, o socialismo?

O aldeão primitivo confunde por enquanto civilização com comunismo. Por ora, o camponês russo acredita que eletricidade e democracia, rádio e higiene, alfabeto e trator, jurisdição de direito comum, jornal e cinema são criações da revolução. Mas essa civilização emancipa também o camponês da «gleba». Ele se torna um «agricultor». Essa deve ser a etapa inevitável do caminho rumo ao «proletário consciente». Socialismo prospera somente na música das máquinas. Então, que venham as máquinas! Tratores! Mas o trator é mais forte que o ser humano, mais ou menos como a arma é mais forte que o soldado. O instrumento de aumento do ganho produz justamente a «psicologia burguesa» no camponês, que de qualquer modo não parece predestinado para o «sentimento coletivista». Não se pode sair do fogo para cair na brasa. Não se pode fazer do camponês, que inconscientemente é resistente à «proletarização», um semiburguês hostil a ela. O que se deve fazer contra isso? Agitação comunista. Propaganda. Identificação consciente ou ao menos propagação *simultânea* da cultura da ideia comunista, por meio de escolas, clubes, teatros, jornais e serviço no Exército Vermelho. «Erradicar o analfabetismo» significa, traduzindo, ao mesmo tempo impedir o aburguesamento, extinguir sentimentos de propriedade, manter vivo o ódio aos cúlaques remanescentes (grandes proprietários de terras).

Esses são, portanto, os dois princípios da política cultural para os camponeses russos: mecanização da produção e urbanização do ser humano; industrialização do campo e proletarização do camponês; americanização da aldeia e revolução socialista de seus habitantes. Essas são as contradições de onde se originam todas as ditas «dificuldades internas». Sim, *esse é o problema da Revolução Russa*. Aqui será decidido se ela levará a uma nova ordem mundial ou se aniquilou os restos mais fortes da antiga; se é o início de uma nova época ou o fim atrasado de uma antiga; se produz apenas certo equilíbrio entre a cultura do Ocidente e a do Leste ou se ela está tirando o mundo ocidental de seu equilíbrio.

A fisionomia da aldeia pouco mudou. Conheci as aldeias ucranianas da guerra. Agora as revi após oito anos. Continuam lá como sempre, como sonhos de infância do mundo. Guerra, fome, revolução, guerra civil, tifo, execuções, fogo. Elas sobreviveram a tudo. Nas regiões de guerra do norte da França até hoje as árvores cheiram a queimado. Como é forte a terra russa! Suas árvores exalam um aroma de água, resina e vento; o excedente de natalidade nas aldeias é muito maior que o nas cidades, já considerável, o pão brota da putrefação dos mortos; os sinos anunciam, como em outros tempos, os recém-nascidos e os noivos; os corvos, os pássaros do Leste, juntam-se às centenas sobre as árvores; o céu de inverno é uniformemente cinza, muito próximo e macio de tantos flocos de neve que em breve cairão. Os telhados ainda são de palha, ripa e barro, predomina o sistema do casebre de três câmaras que abriga animal e gente; ainda se passa esterco líquido fresco nas paredes e no chão de terra batida que espalha por semanas a fio um cheiro acre, mas depois adquire uma maravilhosa cor prateada brilhante que é duradoura e — conforme a crença dos camponeses — mantém o calor.

Mas, no entanto, o rosto do jovem *camponês russo* mudou bastante. Ele perdeu o insensato, deplorável e covarde respeito por «cultura», «cidade» e «senhor». Continua a cumprimentar o estranho de forma submissa, mas somente porque este é um hóspede e ele, o anfitrião. Tem a bela e orgulhosa amabilidade de alguém que foi posto em liberdade. À noite aprende o alfabeto no clube, os desenhos na parede, geografia, agronomia; seguro de si refuta vigorosamente nas assembleias, caricatura funcionários e órgãos públicos no jornal-mural, não fica mais confuso diante do automóvel trazido pelo estrangeiro, informa-se sobre a procedência, a idade e o tipo da máquina. As mulheres aprendem higiene doméstica para os animais e as crianças, mais rápido e com mais prazer que os homens. Todos estão familiarizados com a cidade. Ali um jovem vai para a escola «técnica profissionalizante», outro entra para o Exército Vermelho, um terceiro volta para casa, dá palestras, redige relatórios, reclamações, torna-se quase galante com elas. Tudo o que na cidade se torna banalidade e produz conservadores — a rasa ciência popularizada, a tosca educação sexual, a tendência ao ordinário em imagens e livros — pode ser aproveitado pela pessoa do campo sem que com isso perca o imediatismo, a força e a originalidade. O cheiro seco do papel se perde no ozônio do país. O camponês se torna mais inteligente do que os panfletos que o fazem inteligente, mais original do que os agitadores que o esclarecem, mais artístico do que os poetas que o enaltecem, verdadeiramente mais revolucionário do que a enunciação do Manifesto. Atualmente as pessoas verdadeiramente revolucionárias vivem na aldeia. Na cidade o herói cedeu o lugar ao burocrata que pode aprender de cor a deliberação do XIII Congresso do Partido e foi aprovado com a nota máxima no exame de admissão para o comunismo.

Não obstante, o camponês (se não pertence à antiga guarda dos covardes) se queixa visivelmente da «situação ruim», dos impostos, das falsas promessas, dos tratores que não chegam e outros que enferrujam, das injustiças reais ou supostas. Mas certamente no mundo todo não há sequer uma aldeia nem em toda a história da humanidade sequer um ano em que o camponês não tenha se queixado de alguma coisa. O camponês russo sabe o que deve à revolução. Ainda se recorda dos golpes de cassetete, da polícia tsarista, dos espiões, do Exército, dos arrendatários e dos proprietários. O «cúlaque» ainda está lá. Um constante perigo, que revolucionariamente continua se mantendo, o cúlaque cujo temor se torna cada vez menor e o qual é uma ameaça diplomática, evasiva, incompreensível e esperta.

No entanto, para a grande massa de camponeses russos ainda é estranho o sentimento óbvio de que o governo é sangue de seu sangue. Ela foi educada para ver nele algo de estranho, que se encontra «acima». A alguns teóricos da política russa falta também a compreensão da psicologia especial do camponês. Pode ser que o esclarecimento progressivo também engendre na aldeia a banalidade que já deflagrou nas cidades. Mas ainda hoje se vê no campo o belo espetáculo: como servos se tornam gente.

OPINIÃO PÚBLICA, JORNAIS, CENSURA

Frankfurter Zeitung, 28 de dezembro de 1926.

«Proibir» faz parte da essência de uma ditadura reacionária (por exemplo, Mussolini). Mais ditar que proibir, mais educar que punir, antes agir de forma profilática que policial, é isso o que (já atualmente) faz parte da essência da ditadura proletária na Rússia. Por isso e porque antes da revolução não existia ampla opinião pública, a censura comunista neste país talvez freie o erudito, o artista, o filósofo e o escritor. Em compensação, ela educa as massas primeiramente só para a aplicação prática de uma opinião. O jornal está a serviço da censura não reprimindo a verdade, mas propagando a vontade da censura. A vontade da censura quer dizer a vontade do governo. O jornal torna-se o órgão da censura porque ela é o órgão do governo. O próprio censurador poderia redigi-lo.

Consequentemente, o jornal também tem certa liberdade de expressar opinião. Censurador e jornalista estão (real ou supostamente) sobre o chão da mesma visão de mundo. Ao menos não violam a religião oficial que neste Estado de ateus se chama ideologia comunista. Quem professa essa religião ou ao menos é um simpatizante tem o direito à crítica que, não obstante, jamais pode extrapolar o marco estabelecido.

Reparemos uma vez nas inúmeras cartas de leitores dirigidas aos jornais russos. Estes de boa vontade e extremamente contentes abrem suas colunas à crítica. Em nenhum outro país do mundo se critica tanto publicamente. Critica-se até mesmo de forma incisiva. Não poupam recriminações e ataques, condenações e acusações públicas. E, apesar disso, essa incisividade jamais é perigosa para o Estado, jamais para a ideologia do Estado. Por quê? Porque o Estado, a censura e seus órgãos, os jornais, educam as massas para a crítica e distribuem inclusive os lemas, de certo modo os *leitmotive* da opinião pública para os meses seguintes. É uma pesca intelectual esportiva, muito inteligente, de política estatal. De cima é lançado o anzol com as gordas «situações deploráveis» e a massa faminta de crítica o abocanha. Parece-me que o governo soviético é o único a ter reconhecido a crítica como uma pulsão natural do ser humano e das massas. Ele apressa-se em torná-la útil, cuidando-a e dirigindo-a. Por isso, do ponto de vista histórico, seu método é também legítimo, porque ainda atualmente as massas russas precisam de tal vigilância; porque sem esse direcionamento vindo de cima, ela estaria longe de ter começado a formar uma «opinião pública». É supérfluo dizer que essa saída inteligente constitui um meio propagandístico brilhante para o Estado soviético e que qualquer acusação de repressão da crítica pode ser contestada com uma simples referência aos jornais.

É preciso viver na Rússia e ter ouvido a crítica da boca dos indivíduos (muito rara) e em particular para reconhecer como a opinião pública claramente visível e impressa se diferencia da liberdade de opinião de um país com mais cultura. A crítica pública, sonora e fiel ao Estado é uma crítica dos bordões, dos lemas, dos slogans. A «opinião pública» reconhecível na Rússia atual é a soma violenta (não a potência) de ecos adicionados a uma formulação apregoada às massas. O ouvinte experiente reconhece o pregoeiro no eco. O pregoeiro está acima.

Por conseguinte, chama a atenção a frequência com que aparecem as definições das «deploráveis situações públicas» prontas para a impressão, já quase tipograficamente pensadas, exaustivas. De meses em meses há uma nova definição. Inverte-se a evolução natural, enquanto entre nós, em todos os países ocidentais, primeiro a crítica se mobiliza, depois se acumula e finalmente se unifica juntando em uma formulação contundente toda a sua força com a qual avançará; na Rússia soviética existe primeiro o slogan que se acumula, infiltra nas massas e por fim acaba despertando a crítica.

Vemos então na Rússia o estágio inicial primitivo de uma opinião pública, ensinada e alimentada de cima. Dependendo da época e da necessidade, os lemas são: menosprezem os traidores! Fora parasitas! Guerra aos *hooligans*! Pelourinho para os subornados! Morte à anarquia! A forte tendência dos teóricos comunistas para a formulação popular apoia esse método de ditar opiniões. Somente dos escritos de Lênin é possível retirar inúmeros lemas com efeito acústico. Projetam-nos em telas de cinema, em colunas de jornais, em cartazes. «A industrialização é a base do Estado socialista.» «Construímos o socialismo.» Essas e outras frases são repetidas incessantemente, modificam-se resoluções, criam-se novas, nas convenções do Partido surgem invocações. Aos poucos o lema é inculcado no cérebro e substitui o argumento. Surge uma uniformidade nem tanto da mentalidade, mas da abordagem. Em uma centena de discussões com jovens, trabalhadores, estudantes, funcionários, até mesmo com crianças sem-teto (que certamente não leem panfletos), constatei que os mais diversos indivíduos, profissões, naturezas e índoles, que os melancólicos, sanguíneos, proletários, pequeno-burgueses, talentosos, ignorantes e os mais inteligentes, que todas essas pessoas retrucavam literalmente a mesma coisa às minhas objeções, de tal modo que eu já sabia de cor todo o transcurso do diálogo logo após as primeiras respostas. Às vezes eu ouvia repetições literais de uma matéria jornalística recém-publicada. Por esse motivo acostumei-me paulatinamente a não avaliar as pessoas na Rússia pelas suas qualidades intelectuais, mas pelas fontes de suas argumentações. Hoje, isso é também mais característico do que a diferença entre talentos individuais. Surge uma nivelação geral, uma paisagem psicológica altamente simples com algumas placas de orientação. Há uma opinião oficial e uma dialética aprovada que permitem também aos menos inteligentes responder a perguntas complexas ainda que não de maneira pertinente, mas de modo genérico. E quem não aprendeu ainda a diferenciar argumento de retórica e garganta de gramofone fica estupefato com a resposta na ponta da língua do sujeito mediano.

Quanto mais lemos os jornais, maior se torna o respeito por essa violenta mobilização das canetas, das máquinas de escrever, das citações, e pela mecanização dos cérebros. Não são jornalistas profissionais que fazem os jornais, mas manipuladores bons, confiáveis e assistentes da ideologia. O que se chama de «trabalho jornalístico minucioso», o que no fundo é a estrutura do jornal, o relato do dia e seu reflexo, a fábula nua e dramática da vida, nos periódicos russos é primitivo, diletante, desajeitado. Das seis páginas de um jornal, normalmente três são destinadas a resoluções, relatórios de conferências e assembleias. Nos dias da convenção do Partido mal há uma página para notícias políticas importantes e outras do exterior. Além disso, há as matérias obrigatórias redigidas pela caneta deste ou daquele cacique do Partido que precisam ser impressas, ainda que sejam desatualizadas e desimportantes. Em compensação existem matérias que não podem ser escritas, como a do único jornalista importante do Partido, Karl Radek. Os jornais de Moscou relatam com um dia e meio de atraso o grande incêndio em um dos maiores estúdios cinematográficos estatais. Não é o menosprezo pelo «acontecimento», que tal omissão marca como violação de um dever jornalístico, porém o violento descaso pela vida real, cotidiana, vigorosa, o qual se manifesta na indiferença em relação ao dia e na sobrevalorização da retórica didática de conferência, quase verborrágica, cheia de frases e barata dos «debates» exangues, que de mais a mais acredita ter vitalidade por partir de dados, números e fatos. Entra-se em uma sala, fecham-se as venezianas, acende-se a luz, pega-se o relatório, acomoda-se seu conteúdo à teoria ou (dependendo) a teoria ao conteúdo do relatório e acredita-se estar em pleno dia, enquanto lá fora diante das janelas fechadas o dia vigoroso segue seu curso normal. E o jornal relata o que aconteceu nas salas.

Atenta-se com afinco para a preservação da «autenticidade». Tem-se tudo da dita «primeira mão». Nas fábricas existem correspondentes trabalhadores, nas aldeias, os correspondentes aldeões, nas escolas, os correspondentes alunos. O leitor faz de certo modo seu próprio jornal. As «cartas de leitores» e o «relatório da testemunha ocular ocasional» são elevados ao nível da reportagem de um perito. Cada um é seu próprio jornalista. Essa educação para colaborar animadamente com o jornal é de uma enorme importância, e um dia a imprensa de todos os países terá que aprender com o experimento que a Rússia soviética está fazendo pela primeira vez. Mas a imprensa soviética se dá por satisfeita com essa autenticidade privada e por isso seu «relato jornalístico» não tem mais valor que um «testemunho» primitivo. O sistema dos correspondentes leitores induz à falsa convicção tanto da redação quanto da política dirigente de que ambas estão informadas sobre tudo o que se passa. De onde vem esse conhecimento? O próprio leitor (deste ou daquele correspondente etc.) disse! Será que essa jovem imprensa e esse jovem governo não sabem ainda que para ter o reflexo da vida são necessários espelhos? Que não se pode de jeito nenhum utilizar qualquer objeto, uma chaleira, uma enxada ou uma faca de carne, como espelho? É uma impossibilidade física fotografar-se a si próprio, o objeto não pode se observar pela lente. Por isso, nos jornais russos há praticamente só fatos corretos e só relatos falsos; confissões e nenhum esclarecimento; informações e nenhuma imagem. Por isso, o jornalista estrangeiro, que abre os olhos, sabe mais sobre a Rússia que seu colega nativo.

O jornalista estrangeiro (como todo estrangeiro) é, aliás, objeto de atenção especial da imprensa russa.

Vem um entrevistador. Que importância! Um estrangeiro aqui! É como se estivesse na América. A maior parte dos estrangeiros sente-se extremamente lisonjeada. O vice-diretor burguês de uma caixa econômica ocidental, em sua terra, nada mais que um jogador de cartas bem-comportado na habitual mesa do bar, se vê impresso em negrito no país da revolução. Ele chegou. É convidado a dar palestras sobre cadernetas de poupança. No dia seguinte sai no jornal. Recebe um cartão extra para visitar o Kremlin. No dia seguinte pode-se ler que esteve lá. Um dos líderes do Partido Nacional Alemão — entre nós, nada mais que um respeitável parlamentar e um professor decente — na Rússia recebe uma noite de honrarias extra com cerveja, o que é como um sinal de respeito especialmente simbólico ao pensamento nacional alemão. Também a mim, que vim de certo modo para «entrevistar», chegaram os entrevistadores e levaram à estupefata Rússia a notícia de que um sr. Joseph Roth chegou, embora ele tenha observado expressamente que não é conservador e não tem nenhuma relação com o Partido Nacional Alemão!...

Vê-se o que falta à imprensa russa: a independência do governo, a dependência do leitor e o conhecimento do mundo. A consideração para com o leitor torna o jornalismo fértil. A consideração para com a censura torna a imprensa estéril. A observação do mundo sem precondições, o que não significa observação sem princípios, torna uma matéria jornalística vital e clara. A consideração do mundo ligada a uma ideologia provoca relatos provincianos, mesquinhos e, além disso, falsos. «Provinciano» não é um conceito geográfico, mas intelectual. É indiferente se as amarras de relações estreitas ou as de um princípio rígido limitam o horizonte. E do ponto de vista da imprensa soviética é também mais prático conhecer o mundo burguês, o qual se combate, e não embevecer-se quando alguma vez um senhor do outro lado aterriza em Moscou. E não se conhece o mundo ao escalar uma montanha e observá-lo de uma perspectiva, porém no caminhar, percorrendo-o. Mas na Rússia soviética o mundo é visto de uma torre formada pelos escritos reunidos e empilhados de Marx, Lênin e Bukharin...

BIBLIOTECA ANTAGONISTA

1. ISAIAH BERLIN | Uma mensagem para o século XXI
2. JOSEPH BRODSKY | Sobre o exílio
3. E. M. CIORAN | Sobre a França
4. JONATHAN SWIFT | Instruções para os criados
5. PAUL VALÉRY | Maus pensamentos & outros
6. DANIELE GIGLIOLI | Crítica da vítima
7. GERTRUDE STEIN | Picasso
8. MICHAEL OAKESHOTT | Conservadorismo
9. SIMONE WEIL | Pela supressão dos partidos políticos
10. ROBERT MUSIL | Sobre a estupidez
11. ALFONSO BERARDINELLI | Direita e esquerda na literatura
12. JOSEPH ROTH | Judeus errantes
13. LEOPARDI | Pensamentos
14. MARINA TSVETÁEVA | O poeta e o Tempo
15. PROUST | Contra Sainte-Beuve

16. GEORGE STEINER | Aqueles que queimam livros

17. HOFMANNSTHAL | As palavras não são deste mundo

18. JOSEPH ROTH | **Viagem na Rússia**

19. ELSA MORANTE | Pró ou contra a bomba atômica

20. STIG DAGERMAN | A política do impossível

21. MASSIMO CACCIARI - PAOLO PRODI | Ocidente sem utopias

22. ROGER SCRUTON | Confissões de um herético

23. DAVID VAN REYBROUCK | Contra as eleições

24. V.S. NAIPAUL | Ler e escrever

25. DONATELLA DI CESARE | Terror e modernidade

26. W. L. TOCHMAN | Como se você comesse uma pedra

27. MICHELA MURGIA | Instruções para se tornar um fascista

28. MARINA GARCÉS | Novo esclarecimento radical

29. IAN McEWAN | Blues do fim dos tempos

30. E. M. CIORAN | Caderno de Talamanca

ISBN 978-85-92649-23-4

PAPEL: **Polen Bold 90 gr**

IMPRESSÃO: **Artes Gráficas Formato**
PRODUÇÃO: **Zuane Fabbris editor**

2ª edição Novembro 2019
© 2017 EDITORA ÂYINÉ